Martin J.Schmitt

ALLES BLEIBT HIER!

Vom richtigen Umgang mit Mahn- und Vollstreckungsbescheiden, Räumungsklagen, Zwangsversteigerungen, Lohnpfändungen und dem Gerichtsvollzieher

Edition Sachbuch MOVIE STORE COMPANY VERLAG **Edition Sachbuch**

Die Deutsche Bibliothek - CIP-Einheitsaufnahme

Schmitt, Martin J.:

Alles bleibt hier : ein unersetzlicher Ratgeber ; (vom richtigen Umgang mit Mahn- und Vollstreckungsbescheiden, Räumungsklagen, Zwangsversteigerungen, Lohnpfändungen und dem Gerichtsvollzieher ; mit Anhang zum neuen Insolvenzrecht und dem Privatkonkurs ; Änderungen des Zwangsvollstreckungsrechts zum 1.1.99 sind berücksichtigt ; mit Musterbriefen) / Martin J. Schmitt. -Sulzbach : Moviestore-Co.-Verl., 1999

(Edition Sachbuch)

ISBN 3-933607-12-4

Movie Store Company Verlag

Martin-Luther-Str. 2, 66280 Sulzbach

Satz und Layout: Eva Siewert

Lektorat: Heike Weber

Druck: Elsnerdruck GmbH, Berlin

Martin J. Schmitt

ALLES BLEI'BT HIER!

MOVIE STORE COMPANY VERLAG

INHALTSVERZEICHNIS

Musterbriefe müssen inhaltlich auf eigene Person und Situation abgestimmt werden.

Dank an TMGL !

Vorwort

Dieses Buch richtet sich an alle, die sich in wirtschaftlichen Schwierigkeiten befinden und ihre Verbindlichkeiten regulieren wollen. Alle diejenigen aber, die an einer ordnungsgemäßen Regulierung ihrer Verbindlichkeiten - allgemein „Schulden" genannt - nicht interessiert sind und ihre „Schulden" einfach behalten wollen, brauchen dieses Buch nicht zu lesen. Sinn dieses Buches ist es, den mit Zwangsvollstreckungsmaßnahmen konfrontierten Menschen Hinweise zu geben, wie sie sich aus der sich schnell öffnenden und ebenso schnell zuschlagenden Schuldenfalle befreien können, ohne gegen Gesetze zu verstoßen und die Gläubiger zu benachteiligen. Denn grundsätzlich geht wohl jeder Gläubiger davon aus, daß Verträge erfüllt und Rechnungen bezahlt werden. Umgekehrt ist es natürlich auch die Regel, daß Verträge beispielsweise vom Käufer oder dem Mieter korrekt erfüllt, insbesondere bezahlt werden. Die Probleme ergeben sich nur dann, wenn - aus welchen Gründen auch immer - Zahlungsschwierigkeiten auftreten.

Dann soll dieses Buch eine Hilfestellung dafür sein, einen

gerechten Interessenausgleich unter Hinweis auf die gesetzlichen Möglichkeiten des Schuldnerschutzes und unter Berücksichtigung der berechtigten Interessen der Gläubiger zu bieten.
Vorab und immer gilt natürlich, daß das offene Gespräch und ein klares Wort gleich zu Beginn und sofort nach Auftreten der Zahlungsschwierigkeiten mehr bewirkt, als jeder meistens hilflose und unkoordinierte Versuch, Zwangsvollstreckungen zu vereiteln oder zu behindern. Abgesehen davon, daß nach einem solchen Verhalten der Gläubiger nicht positiv reagieren kann, fallen erhebliche Kosten an, die die Situation letztlich weiter verschärfen.
Wird aber in einem frühen Stadium das Gespräch mit dem Gläubiger durch den Schuldner gesucht, ist in einer Vielzahl von Fällen festzustellen, daß eine einvernehmliche Regelung gefunden wird und ohne Gericht und Gerichtsvollzieher eine kostengünstige Schuldenregulierung erfolgt.
Dieses Buch orientiert sich am „normalen" Ablauf einer Zwangsvollstreckung, angefangen von der Zustellung eines Mahnbescheides bis zum Offenbarungseid und zeigt schließlich die Möglichkeiten auf, die das Verbraucherinsolvenzverfahren ab dem 1. Januar 1999 bietet.

Saarbrücken, im Januar 1999

I. Kapitel: Wie alles anfängt!

Viele Menschen kennen vom Erzählen oder - schlimmer - aus eigenem Erleben folgende Situation:

Bis zum Tage X war alles in bester Ordnung. Das kleine Einfamilienhaus wird vom Einkommen des Ehemannes, der eine nicht schlecht bezahlte Stelle in einem großen Unternehmen hat, bezahlt. Die Ehefrau hat ein Einkommen aus einer Halbtagsbeschäftigung, der sie nachgehen kann, weil die beiden Kinder vormittags zur Schule gehen und keiner intensiven Betreuung mehr bedürfen. Zusammen mit Kindergeld, staatlichen Zuwendungen und Steuerersparnissen kann die Familie im eigenen Häuschen ruhig und zufrieden leben. Doch dann geschieht das, was sich niemand vorstellen wollte oder konnte: Aufgrund von Umstrukturierungsmaßnahmen in dem Großbetrieb wird der Hauptverdiener in der Familie „freigesetzt" und steht nach Ablauf des natürlich ausgehandelten Sozialplanes vor der Tatsache, daß sein Einkommen sich drastisch verringert hat und ein Ausgleich nicht möglich ist. Selbst mit kleinen Arbeiten, die der Familienvater „nebenher" erledigt, kann die Finanzierungslücke nicht gestopft werden. Von Monat zu Monat schmelzen die Bankkonten und Sparguthaben dahin und irgendwann sagt die Bank: „Nichts geht mehr".

Wird in einer solchen Situation falsch reagiert, ist das der Anfang vom Ende, welches so aussehen kann, daß das Einfamilienhaus zwangsversteigert wird, die Familie irgendwann von Arbeitslosenhilfe und dem Einkommen der Ehefrau in einer kleinen Mietwohnung leben muß und bis zum Lebensende die Hypotheken auf das Häuschen, welches gar nicht mehr im Eigentum der Familie ist, abzuzahlen hat. Abgesehen von dem finanziellen Ruin führt diese Situation oft zu unerträglichen menschlichen Spannungen, die dann verschiedentlich auch zum Zerbrechen des Familienverbandes führen und die Situation weiter verschärfen. Denn jeder für sich allein kann erst recht die meist gemeinsam eingegangenen Verbindlichkeiten nicht tragen. Alles in allem schnappt schließlich die Schuldenfalle erbarmungslos zu.

Was ist sofort zu tun?

Sobald die Schwierigkeiten beginnen, beispielsweise durch den Verlust eines Arbeitsplatzes, muß der Betroffene sofort aktiv werden. Abgesehen davon, daß mit dem Arbeitsamt und dem Arbeitgeber schnell geklärt werden muß, wie die finanzielle Situation aussieht und ob es Möglichkeiten gibt, in ein neues

Arbeitsverhältnis vermittelt zu werden, muß dafür Sorge getragen werden, daß die laufenden Verbindlichkeiten bedient werden können.

Wichtig ist zunächst ein Kassensturz, um festzustellen, wie hoch der monatlich vom gesamten Familieneinkommen nicht gedeckte Betrag ist. Es ist ganz wesentlich, daß in solchen Situationen der Betroffene seine Situation genau und ehrlich sich selbst gegenüber analysiert. Nur mit dem Ergebnis einer genauen Analyse kann das Notwendige anschließend sorgfältig veranlaßt werden.

Haben die Betroffenen ihre finanzielle Situation analysiert und weiß man, welche Fehlbeträge zu Buche stehen, muß „geklotzt und nicht gekleckert" werden. Dies heißt einerseits, daß schnell an der richtigen Stelle angesetzt wird, um dort das Gespräch zu suchen und daß zum anderen eine dauerhaft haltbare Lösung gefunden wird.

In der Regel bedeutet dies, daß unverzüglich mit der Hausbank, die meistens auch das Haus finanziert hat und damit die größte Gläubigerin ist, Kontakt aufgenommen werden muß. Normalerweise ist davon auszugehen, daß die Banken eher einen bezahlbaren Kompromiß mittragen, als die gegebenen Sicherheiten - das sind die Grundschulden auf dem

Haus - verwerten. Das Gespräch mit der Bank ist nur dann erfolgreich, wenn, wie oben dargelegt, die Situation analysiert ist und seitens der Betroffenen eine klare und nachvollziehbare Vorstellung existiert, wie die Verbindlichkeiten bedient werden können.

TIP: Bei wesentlichen Veränderungen der Einkünfte und Gefährdung der Rückzahlungen von Verbindlichkeiten sprechen Sie sofort und gut vorbereitet mit dem Hauptgläubiger!

Das Verhandlungsziel bei der Hausbank sollte sein, die finanziellen monatlichen Belastungen so zu senken, daß sie sicher für die Dauer der Schwierigkeiten bedient werden können. Dazu müssen der Bank genaue Vorschläge unterbreitet werden. Dabei ist darauf zu achten, daß es sich um realistische Vorschläge handelt, die die Bank auch nachvollziehen und akzeptieren kann. Die Bank wird natürlich eher bereit sein, einer Aussetzung der Tilgungsraten zuzustimmen, als die Schuldzinsen zu erlassen. Natürlich ist aber auch darauf zu achten, daß das Aussetzen mit der Tilgung dazu führt, daß dauerhaft die gleichhohen Zinsen gezahlt werden müssen, ohne daß irgendwann einmal das Haus oder der Pkw abbezahlt ist. Daher kann eine Tilgungsaussetzung nur eine vorübergehende Erleichterung, aber keine Lösung sein.

Genau dieses Wissen ist aber auch erforderlich, um korrekt gegenüber dem Gläubiger sein zu können und diesem die Möglichkeit zu geben, seinerseits Dispositionen zu treffen und sich auf die veränderte Situation einzustellen.

Bei den Verhandlungen mit dem Hauptgläubiger darf nicht der Eindruck entstehen, daß man als Bittsteller erscheint und um ein Almosen bittet. Schließlich hat der Betroffene es nicht zu vertreten, daß er seinen Arbeitsplatz verloren hat und seine finanziellen Dinge ebenso wie vieles andere neu organisieren und regeln muß. Man sollte sich bewußt machen, daß man nach wie vor Geschäftspartner des Gläubigers ist und nicht durch die neue Situation in eine andere Rolle gedrängt wurde.

Fest steht, daß der Hauptgläubiger und insbesondere Banken in den hier interessierenden Fällen in der Regel das schlechtere Geschäft machen, wenn das Kreditengagement notleidend wird. Deshalb werden die Banken als die Hauptgläubiger in solchen Situationen eher einem Kompromiß zustimmen, als die gegebenen Sicherheiten verwerten.

Anders ist dies nur dann, wenn die Bank als Hauptgläubigerin das Gefühl bekommt, daß der Betroffene sich nicht um den Vorgang kümmert und die Situation insgesamt kritisch wird. Hier erlebt man immer wieder, daß Banken oder andere Großgläubiger wie etwa Leasinggesellschaften „dichtmachen" und

nicht mehr bereit sind, irgendeine Regelung zu treffen, sondern nur noch daran interessiert sind, gegebene Sicherheiten zu verwerten. Daß dies die letztlich für den Betroffenen ungünstigste Lösung ist, kann niemand bestreiten.
Nach Abzug des Verwertungserlöses verbleiben in der Regel erhebliche Verbindlichkeiten, die für die Bank ungesichert sind und demzufolge mit Nachdruck eingefordert werden. Hierüber aber später mehr.

TIP: Lassen Sie sich nicht dazu verführen, aus einer momentanen Schwierigkeiten heraus die Sie vielleicht seit langem finanzierenden Partner zu wechseln.

Es wird immer wieder beobachtet, daß in solchen unvorhergesehenen Situationen - niemand will sich ja mit dem Problem der Arbeitslosigkeit und einer finanziellen Notlage rechtzeitig auseinandersetzen - panikartig die „Hilfe" von teilweise dubiosen „Schuldenregulierern" oder „Umschuldungsfirmen" in Anspruch genommen werden. Abgesehen davon, daß die Konditionen in der Regel ungünstig sind, müssen die bestehenden Verträge mit Banken oder Leasingfirmen ohnehin erfüllt werden. Werden diese Verträge nicht erfüllt, können die bisher mit Ihnen zusammenarbeitenden Partner Schadenersatz verlangen und Sie zahlen letztlich doppelt (Schadenersatz an den früheren Partner und Gebühren, Kosten und

Zinsen bei der neuen Geschäftsverbindung).
Eine Umschuldung oder Umfinanzierung ist nur dann sinnvoll, wenn alle beteiligten früheren Gläubiger einverstanden sind und die (teilweise hohen) Kosten einer solchen Maßnahme bekannt und kalkuliert sind.

TIP: Wechseln Sie in einer finanziellen Notlage nicht Ihre Geschäftspartner und Banken.

Sollte dann trotz sorgfältiger Analyse der veränderten wirtschaftlichen Situation, einem konkreten und erfüllbaren Regulierungsvorschlag an die Hauptgläubiger und nachweisbarem persönlichen Einsatz dennoch die Situation eintreten, daß die Gläubiger nicht mehr „mitspielen", muß auch diese Situation beherrscht werden. Dazu gehören Grundkenntnisse über Mahn- und Gerichtsverfahren sowie die verschiedenen Möglichkeiten der Zwangsvollstreckung.
Bevor es soweit kommt, sollte unbedingt nochmals versucht werden, in einem persönlichen Gespräch um Aufmerksamkeit und in diesem Stadium Entgegenkommen zu bitten.

TIP: Gehen Sie den direkten Weg und sprechen Sie persönlich mit Ihren Gläubigern! Nur im Notfall an den Gläubiger schreiben! Fertigen Sie über das Ergebnis einer Besprechung zuhause eine schriftliche Notiz an!

II. Kapitel: Mahnungen und Mahnbescheid

Mahnungen sind an sich nichts Schlimmes. Jedem kann es einmal passieren, daß eine Rechnung übersehen wird oder aus irgendeinem Grunde die Bezahlung unterblieben ist. Wenn sowohl die Rechnung als auch die Mahnung geprüft worden sind und keine Einwände gegen die Rechnung erhoben werden können, wird die Rechnung natürlich in der Regel auch bezahlt. Problematisch ist die Situation nur dann, wenn aufgrund einer wirtschaftlich verschlechterten Situation die Rechnung nicht und auch nicht auf eine Mahnung hin bezahlt werden kann. Viele größere Unternehmen verwenden zwischenzeitlich sogar Mahnschreiben, die gleich zu Beginn darauf hinweisen, daß in finanziellen Notlagen auch eine ratenweise Zahlung der Verbindlichkeiten möglich ist.

In vielen Fällen ist das ein als positiv zu sehendes Entgegenkommen des Gläubigers. In Einzelfällen versteckt sich hinter solchen Angeboten aber ein handfestes Geschäftsinteresse des Gläubigers, denn für die ratenweise Zahlung werden erhebliche Zinsen gefordert, die die zu zahlenden Beträge schnell in die Höhe treiben. Hier ist eine genaue Prüfung erforderlich, und zwar ebenso wie bei allen Verträgen, die durch Ratenzahlung finanziert werden.

TIP: Vor jeder Ratenzahlungsvereinbarung den zu zahlenden Gesamtbetrag einschließlich aller Zinsen und Kosten ausrechnen lassen und prüfen!

Natürlich ist die gebotene Möglichkeit, Raten zu zahlen, auf den ersten Blick verlockend. Wenn man aber die dahinter stehende finanzielle Situation betrachtet und berücksichtigt, daß gegebenenfalls viele einzelne Rechnungen ratenweise getilgt werden müssen, kann die Gesamtbelastung an Hauptforderung, Zinsen und Kosten so hoch werden, daß diese Ratenzahlungsvereinbarungen später und dauerhaft nicht eingehalten werden können. In diesen Fällen verursacht ein Abwarten und das Eingehen von Ratenzahlungsverpflichtungen weitere zusätzliche Kosten, die gegebenenfalls bei einem gerichtlichen Mahnverfahren oder einem Gerichtsverfahren in dieser Höhe nicht anfallen.

Oft gerät die Situation in diesem Stadium für den finanziell plötzlich nicht mehr leistungsfähigen Familienvater außer Kontrolle. Abgesehen von der emotionalen Belastung werden jetzt sämtliche Gläubiger aufmerksam und das Wettrennen um die beste Ausgangsposition bei der Zwangsvollstreckung beginnt. Oft kann der Schuldner in einer solchen Situation nichts mehr bewegen und den Lauf der Dinge nicht mehr aufhalten. Dennoch sollte auch hier der Redliche versuchen, mit offenen Karten zu spielen und weiter an einer Schuldenregulierung zu arbeiten. Häufen sich die Mahnungen, müssen sich auch die Kontaktaufnahmen mit den jeweiligen Gläubigern verstärken. Es ist für einen Gläubiger nachvollziehbar, wenn er über finanzielle Schwierigkeiten - die meistens noch unverschuldet sind - informiert wird und sein Verhalten darauf einrichten kann. Er wird aber kein Verständnis dafür haben, daß auf Mahnschreiben nicht reagiert wird.

TIP: Lassen Sie Mahnungen niemals unbeachtet, sondern sprechen Sie Ihren Gläubiger unmittelbar an.

Wenn das Bemühen um Ausgleich der Rechnungen nicht fruchtet und die Geduld des Gläubigers zu Ende ist, muß dieser aus eigenem wirtschaftlichen Interesse dafür sorgen, daß durch ein Gerichtsurteil oder durch einen Vollstreckungsbescheid sichergestellt wird, daß seine Forderung sozusagen amtlich festgestellt wird und der Schuldner mit Einwendungen oder Einreden ausgeschlossen ist. Hat sich die Situation einmal soweit entwickelt, muß man bei der weiteren Darstellung die korrekten Begriffe verwenden. Es wird also künftig von Gläubigern und Schuldnern gesprochen.

Gläubiger sind grob gesagt diejenigen, die vom Schuldner etwas, meist einen Geldbetrag, zu fordern haben.
Schuldner ist derjenige, der etwas zu leisten hat, meist einen Geldbetrag zu zahlen hat.

Um es vorweg zu sagen: Grundsätzlich kann jeder Gläubiger einen Mahnbescheid beantragen oder Klage einreichen, sobald seine Forderung (zur Zahlung) fällig ist.

Wenn der Gläubiger die von ihm seinerseits zu erbringende Leistung (beispielsweise Lieferung von Waren) ordnungsgemäß erbracht hat, kann der Schuldner der nach Rechnungstellung berechtigen Forderung in der Regel nichts entgegensetzen. Es ist also kein Akt von Böswilligkeit oder Rücksichtslosigkeit, wenn Gläubiger gerichtlich feststellen lassen, daß ihnen eine bestimmte Forderung zusteht. Auch nach dem Gerichtsurteil oder dem Erlaß eines Vollstreckungsbescheides besteht immer noch die Möglichkeit, einvernehmliche Regelungen mit dem Gläubiger herbeizuführen.

Wählt der Gläubiger die in der Regel schnelle und für beide Parteien „kostengünstige" Lösung über das Mahnverfahren, wird von dem zuständigen Gericht auf Antrag des Gläubigers ein Mahnbescheid zugestellt. Bei der Bearbeitung ist wie in allen gerichtlichen Verfahren größte Aufmerksamkeit erforderlich und geboten. Das Gericht bewirkt Zustellungen meistens durch ein sogenanntes vereinfachtes Zustellungsverfahren, in dem der vom Gericht erlassene Mahnbescheid durch die Deutsche Post AG zugestellt wird. Dies geschieht dadurch, daß in einem besonderen blauen Briefumschlag dem Empfänger der Mahnbescheid zugestellt wird.

Diese „Zustellung" ist ein wesentlicher Verfahrensakt, der nachweist, daß der Mahnbescheid an einem bestimmten Tag einer bestimmten Person übergeben worden ist. Der Schuldner ist nun an einem gerichtlichen Verfahren beteiligt und muß, um seine Rechte wahren zu können, die Spielregeln dieses Verfahrens kennen. Dazu gehört zunächst das Wissen, daß der Mahnbescheid nicht, wie man vermuten könnte, ausschließlich dem Schuldner persönlich zugestellt werden muß, sondern daß es eine ganze Reihe von Möglichkeiten der Ersatzzustellung gibt. Diese wirkt genauso, als ob an den Schuldner persönlich zugestellt worden wäre. Beispielsweise kann eine solche Zustellung rechtswirksam einem erwachsenen Familienangehörigen - das Gesetz spricht von „Hausgenossen" - oder einem im Dienst der Familie stehenden Erwachsenen übergeben werden. Wenn weder ein Familienangehöriger noch ein Angestellter angetroffen wird, kann die Sendung wirksam an den im selben Haus wohnenden und zur Annahme bereiten Vermieter zugestellt werden.

Die Zustellung kann auch an einem anderen Ort als auf dem Umschlag angegeben erfolgen - beispielsweise auf der Straße, wenn der Postbote dort den Empfänger antrifft.

Nun gibt es Zustellungsempfänger, die grundsätzlich keine „blauen Briefe" annehmen oder annehmen wollen. Abgesehen davon, daß dies weder einer Schuldenregulierung förderlich noch geeignet ist, die Basis für eine einvernehmliche Regelung mit dem Gläubiger zu erhalten, kann der Postbote oder auch der Gerichtsvollzieher die Sendung am Ort der Zustellung zurücklassen. Dies bedeutet, daß der Zustellende gegebenenfalls dem angetroffenen Empfänger, der nicht zur Annahme bereit ist, den „blauen Brief" vor die Füße legt und damit die Zustellung rechtswirksam bewirkt hat.

Findet der Zustellende weder den Zustellungsempfänger persönlich noch den Vermieter oder einen Familienangehörigen, so erfolgt die Zustellung durch eine sogenannte Niederlegung. Dann wird eine Benachrichtigung in den Hausbriefkasten eingelegt oder - wenn üblicherweise die Post an den Empfänger anders übergeben wird (beispielsweise durch ein Postfach), eine Benachrichtigung an der dann üblichen Stelle. Es ist und dies ist nicht so bekannt, auch möglich, daß die Benachrichtigung über die bevorstehende Niederlegung an einen Nachbarn gegeben wird, weil aus besonderen Gründen die Benachrichtigung über den Hausbriefkasten unzweckmäßig wäre. Dies ist beispielsweise dann der Fall, wenn der Postbeamte oder Gerichtsvollzieher feststellt, daß der Briefkasten aufgebrochen worden ist. Außerdem kann der Gerichtsvollzieher insbesondere in großen Mehrfamilienhäusern an der

Wohnungstür die Benachrichtigung befestigen.
In dieser Benachrichtigung steht, wo das Schreiben zugestellt worden ist. Es ist nun an dem Schuldner, das Schreiben abzuholen und sich über den Inhalt zu informieren. Es ist absolut unzweckmäßig, die sogenannten „blauen Briefe" zu ignorieren, weil dadurch ausschließlich Nachteile entstehen können und Rechtswirkungen bereits eingetreten sind.

TIP: Sorgen Sie dafür, daß Schreiben Sie immer erreichen und holen Sie Sendungen, über die Sie benachrichtigt worden sind, schnellstmöglich ab.

Hier ist es wichtig, darauf hinzuweisen, daß die Fristen, die durch die Zustellung ausgelöst werden, bereits ab dem Zeitpunkt der Niederlegung und nicht dem Zeitpunkt, in dem das Schriftstück abgeholt wird, zu laufen beginnen. Daher ist es zweckmäßig, sich unverzüglich zum Postamt zu bemühen und das Schreiben abzuholen.
Hält der Schuldner den Mahnbescheid nun in Händen, kann er zunächst prüfen, ob die Zustellung ordnungsgemäß erfolgt ist. In der Regel dürften insoweit Mängel nicht auftreten. Wesentlich ist aber, daß der Schuldner den Mahnbescheid in der Sache prüft.
Das Schriftstück, das an den Schuldner zugestellt wird, sieht regelmäßig so aus:

Amtsgericht

PLZ, Ort

00000 Geldhausen

123 M 456/99

Geschäftsnummer des Gerichts
Bei Schreiben an das Gericht stets angeben

Frau
Susi SORGLOS
Hoffnungstraße 7

00000 Freistadt

Mahnbescheid

15.01.1999 ← Datum des Mahnbescheids

Antragsteller, ges. Vertreter, Prozeßbevollmächtigter; Bankverbindung

Galactic - Bank GmbH Monetastraße 999 00000 Geldhausen
vertreten durch den Geschäftsführer, Zacharias Zins, ebenda

Prozeßbevollmächtigt: RA Gero Genius, Rechtsstraße 1, 00000 Jusdorf
Bankhaus Credita Konto Nr. 999 999 99 BLZ 123 456 789

macht gegen Sie
und Ihren Mitgesellschafter Hans Perri — [X] als Gesamtschuldner

folgenden Anspruch geltend: — Geschäftszeichen des Antragstellers:
Restforderung aus Darlehen Nr 123 123 XYZ
gekündigt am 2.1.1999, fällig am 15.1.1999
mehrfach unter Fristsetzung gemahnt und nicht bezahlt

Hauptforderung DM	35.000,--	Zinsen, Bezeichnung der Nebenforderung: 33,-- DM Mahnkosten für 3 Mahnschreiben 6,73 % Zinsen aus der Hauptforderung seit 16.1.99				% ab Zustellung dieses Mahnbescheids
Nebenforderung DM	33,--					
Kosten dieses Verfahrens Summe 1 bis 5 DM	1.485,--	1 Gerichtskosten 260,-- DM	2 Auslagen d. Antragst. --- DM	3 Gebühr d. Prozeßbev. 1185,-- DM	4 Auslagen d. Prozeßbev. 40,-- DM	5 MwSt. d. Prozeßbev. --- DM
Gesamtbetrag DM	36.518,--	zuzüglich der laufenden Zinsen	Der Antragsteller hat erklärt, daß der Anspruch von einer Gegenleistung [ ] nicht abhänge. [X] abhänge, diese aber erbracht sei.			

Das Gericht hat nicht geprüft, ob dem Antragsteller der Anspruch zusteht.
Es fordert Sie hiermit auf, innerhalb von zwei Wochen seit der Zustellung dieses Bescheids entweder die vorstehend bezeichneten Beträge, soweit Sie den geltend gemachten Anspruch als begründet ansehen, zu begleichen oder dem Gericht auf dem beigefügten Vordruck mitzuteilen, ob und in welchem Umfang Sie dem Anspruch widersprechen.

Wenn Sie die geforderten Beträge nicht begleichen und wenn Sie auch nicht Widerspruch erheben, kann der Antragsteller nach Ablauf der Frist einen **Vollstreckungsbescheid** erwirken und aus diesem die Zwangsvollstreckung betreiben.
Der Antragsteller hat angegeben, ein streitiges Verfahren sei durchzuführen vor dem

Landgericht 00000 Rufenstadt

An dieses Gericht, dem eine Prüfung seiner Zuständigkeit vorbehalten bleibt, wird die Sache im Falle Ihres Widerspruchs abgegeben.

gez. Adam G. N.
Rechtspfleger

Ausgefertigt
Kraft-Schreib
Urkundsbeamter der Geschäftsstelle

Beachten Sie bitte die Hinweise auf der Rückseite

Blatt 2: Ausfertigung für Antragsgegner

Dieses Formular enthält alle Angaben, die zur Beurteilung der Frage, ob der Mahnbescheid berechtigt ist oder nicht, notwendig sind.

Im „Anschriftenfeld" steht der Name des Schuldners, an den zugestellt worden ist. Hier ist zu prüfen, ob eine Verwechslung ausgeschlossen ist und ob der richtige Schuldner bezeichnet ist.

Im Feld „Antragsteller" muß genau bezeichnet sein, wer den Anspruch geltend macht. Hier ist zu prüfen, ob genau diese natürliche oder juristische Person den darunter beschriebenen Anspruch geltend machen kann. Beispielsweise muß hier die genaue Bezeichnung der Leasinggesellschaft einschließlich der gesetzlichen Vertreter angegeben sein.

In dem darunter angeordneten Feld wird der vom Antragsteller geltend gemachte Anspruch genau bezeichnet. Hier sei darauf hingewiesen, daß das Gericht vor Erlaß des Mahnbescheides dafür sorgt, daß der Anspruch für den Antragsgegner zweifelsfrei erkennbar wird. Hier ist zu prüfen, ob die behauptete Anspruchsgrundlage (beispielsweise Mietvertrag oder Kaufvertrag) so genau bezeichnet ist, daß eine Verwechslung ausgeschlossen ist.

In den darunter liegenden Feldern wird nachzuschauen sein, ob die Hauptforderung in der angegebenen Höhe besteht, ob Mahngebühren tatsächlich angefallen sind und ob alle Beträge zusammengerechnet sind. Führt die Prüfung zu dem Ergebnis, daß alles seine Ordnung hat, ist ein Widerspruch

zwecklos und führt lediglich zu höheren Kosten.
Der von manchen Schuldnern ins Feld geführte Zeitgewinn ist kein solcher, denn abgesehen davon, daß durch einen unsinnigen Widerspruch gegen einen berechtigten Mahnbescheid nur weitere Kosten zu Lasten des Schuldners ausgelöst werden, führt dies außerdem zu einer - gelinde ausgedrückt - Verstimmung beim Gläubiger. Die in diesem Fall vom Schuldnern immer wieder gehörte Begründung „Ich wollte doch nur Zeit gewinnen" führt in der Regel dazu, daß der Gläubiger zur Antwort gibt: „... und zwar auf meine Kosten und zu meinem Nachteil".
Die Prüfung des zugestellten Mahnbescheidsantrages kann aber auch dazu führen, daß Fehler enthalten sind oder Forderungen unberechtigt geltend gemacht werden. In aller Regel handelt es sich aber dann nicht um die Hauptsache an sich, sondern darum, daß entweder Teilzahlungen nicht berücksichtigt worden sind oder zu hohe Zinsen in Ansatz gebracht oder Mahngebühren zu hoch angesetzt wurden.

Nur wenn die Forderung insgesamt unberechtigt ist, weil etwa

a) nicht der richtige Schuldner angegeben ist
b) nicht der richtige Gläubiger als Antragsteller bezeichnet ist
c) der geltend gemachte Anspruch nicht besteht

ist ein Widerspruch insgesamt zu rechtfertigen.

Hierfür ist das nachstehend abgedruckte und vom Gericht mitübersandte Formular zu verwenden, wobei allerdings ein Widerspruch auch formlos möglich ist.

Anschrift des Antragsgegners/ges. Vertreters/Prozeßbevollmächtigten

Susi Sorglos
Hoffnungstraße 7
00000 Freistadt

123 M 456 /99

Aktenzeichen des Gerichts
Bei Schreiben an das Gericht stets angeben

An das
Amtsgericht Geldhausen

36084 Hünfeld

Hinweis für den Antragsgegner:
Bitte überlegen Sie sorgfältig, ob Sie im Recht sind und beachten Sie die Hinweise auf der Rückseite des Mahnbescheids.
Falls Sie Widerspruch erheben, senden Sie bitte Blatt 1 und 2 dieses Vordrucks ausgefüllt und unterschrieben zurück.

Mahnsache	Antragsteller (Name)	Antragsgegner (Name, Vorname)	Datum des Mahnbescheids
	Galactic Bank	Susi Sorglos	15.1.99

Gegen den Mahnbescheid erhebe ich **Widerspruch** ☐ als Prozeßbevollmächtigter des Antragsgegners. Ordnungsgemäße Bevollmächtigung wird versichert. ☐ als gesetzlicher Vertreter des Antragsgegners

Der Widerspruch richtet sich gegen
☐ den Anspruch insgesamt.
[X] den nachfolgend bezeichneten Teil des Anspruchs (bitte Teilbetrag der Hauptforderung/Nebenforderung/Zinsen/Kosten genau bezeichnen):

Die Hauptforderung ist in Höhe von 10.000,-- DM nicht berechtigt. Dieser Betrag wurde am 3.1.98 bezahlt. Es handelt sich bei dieser Zahlung von vor einem Jahr um eine mit der Bank vereinbarte Sondertilgung.
Ich widerspreche den Mahnkosten in Höhe von 22,-- DM. Ich habe nur ein Mahnschreiben erhalten.

Ort, Datum
Freistadt, den 23.1.99

Durchschrift/Abschrift für den Antragsteller füge ich bei.
Susi Sorglos
Unterschrift des Antragsgegners/Vertreters/Prozeßbevollmächtigten

Blatt 1: Urschrift des Widerspruchs

ZP 403-Hün Widerspruch im Mahnverfahren (AG Hünfeld) (Blatt 1) -arg-
Satz und Gestaltung: OLG Frankfurt Druck: JVA Darmstadt (08.94)

Der Widerspruch sollte nicht ohne Begründung erhoben werden, sondern die nach Prüfung festgestellten Gründe sollten in dem Formular und notfalls auf einem gesonderten Blatt möglichst ausführlich dargestellt werden. Dies verhindert, daß der Gläubiger weitere Gerichtskosten einzahlen muß und das Verfahren beim zuständigen Amts- oder Landgericht weiterbetreiben muß, nur um herauszufinden, daß tatsächlich berechtigte Einwendungen gemacht worden sind. Wird aber der Widerspruch begründet, kann der Gläubiger gleich überprüfen, ob er seinerseits einen Fehler gemacht hat und sich gegebenenfalls mit dem Schuldner in Verbindung setzen. Ein Widerspruch ohne Begründung wird üblicherweise als mutwillig und als ein „Spiel auf Zeit" gewertet.

Was aber ist zu tun, wenn nur Teile der im Mahnbescheid aufgeführten Forderungen nicht berechtigt sind? Hierfür gibt es die Möglichkeit, einen Teilwiderspruch einzulegen und sich gegen den übrigen Mahnbescheid nicht zu wehren. Es kommt vor, daß der Gläubiger die von ihm für Allgemeinkredite aufgewendeten Zinsen in den Mahnbescheid aufnimmt und dabei übersieht, daß er auf anderen Konten Guthaben hat, so daß tatsächlich ein Zinsschaden in der angegebenen Höhe nicht entstanden ist. Dann kann man gegen diese Zinshöhe Widerspruch einlegen, wobei die gesetzlichen Verzugszinsen 4 % p.a. betragen. Auch Mahnkosten sind beispielsweise gelegentlich überhöht und können daher mit einem Widerspruch abgewehrt werden. Dann ist ein Teilwiderspruch zu formulieren, und zwar in dem hierfür vorgesehenen Feld und das entsprechende Kästchen im Widerspruchsformular anzukreuzen. Es wäre nicht zweckmäßig, mit der Begründung Teilwiderspruch zu erheben, „sämtliche Zinsen und Nebenkosten sind unberechtigt". Korrekt wäre beispielsweise die Formulierung: „Der Teilwiderspruch richtet sich gegen die Zinsen, soweit sie 4 % p.a. übersteigen und gegen die Höhe der Mahngebühren, soweit sie 10,00 DM je Mahnschreiben überschreiten und gegen die Hauptforderung in Höhe eines Betrages von 200,00 DM, weil diese 200,00 DM am 01.12.1998 bezahlt wurden".

Das Gericht wird auf Antrag des Gläubigers nur einen Teilvollstreckungsbescheid über die berechtigten Ansprüche erlassen, aus dem der Gläubiger dann folglich die Zwangsvollstreckung betreiben kann.

Nähere Informationen kann man auch der Rückseite des Mahnbescheidsformulares entnehmen.

TIP: Lesen Sie auch die Rückseite eines Ihnen zugestellten Mahnbescheides ganz genau durch.

TIP: Heften oder kleben Sie das Ihnen zugestellte Mahnbescheidsformular mit dem blauen Umschlag fest zusammen.

Nur durch das auf dem blauen Umschlag vermerkte Datum kann der Zeitpunkt der Zustellung überprüft werden.
Das Zustellungsdatum ist von großer Wichtigkeit, weil der Widerspruch gegen den Mahnbescheid gleichgültig, ob es sich um einen Widerspruch insgesamt oder um einen Teilwiderspruch handelt, schnellstmöglich erhoben werden muß, da der Gläubiger nach zwei Wochen einen Vollstreckungsbescheid beantragen kann, soweit nicht Widerspruch erhobenworden ist. Üblicherweise werden Vollstreckungsbescheidsanträge auch sofort nach Fristablauf gestellt, so daß diese Zwei-Wochen-Frist für den Schuldner schon aus Kostengründen genau zu beachten ist, denn auch ein Vollstreckungsbescheid löst weitere Kosten aus.
Es ist also zweckmäßig, innerhalb dieser Zwei-Wochen-Frist ab dem Datum auf dem blauen Umschlag entweder die Forderung oder zumindest die unstreitigen Beträge zu zahlen oder - sofern dies nicht möglich ist - eine Zahlungsvereinbarung zu treffen.

Auch nach Zustellung eines Mahnbescheides können weitere Kosten vermieden werden, wenn die Forderung nicht zu bestreiten ist und daher Vollstreckungsbescheid ergehen könnte. Denn es lohnt sich gegebenenfalls durchaus, mit dem Gläubiger oder dem Rechtsanwalt des Gläubigers (dieser ist im Feld Antragsteller bezeichnet) eine Ratenzahlungsvereinbarung zu treffen. Denn die vom Gläubiger sicherlich auch erstrebte

„Signalwirkung" des Mahnbescheides hält sechs Monate an. In dieser Zeit können viele Forderungen durch Raten beglichen werden und die Kosten des Vollstreckungsbescheides gespart werden. Allerdings wird dieses Verfahren nur dann vom Gläubiger akzeptiert, wenn begründete Hoffnung besteht, daß die Forderung innerhalb von sechs Monaten beglichen wird.

Hier zahlt sich eine offene und korrekte Verhaltensweise gegenüber dem Gläubiger aus, sofern bereits vor Einleitung der gerichtlichen Maßnahmen mit dem Gläubiger Kontakt gehalten worden ist. Die Wirkungen des Mahnbescheides fallen nach sechs Monaten weg, so daß eine Regulierung des Vorganges innerhalb dieser Zeit erfolgen muß. Bei einer Forderung von 2.500,00 DM, die in fünf Raten à 500,00 DM zurückgezahlt wird, können durch dieses Verfahren immerhin 131,66 DM an Rechtsanwaltskosten gespart werden, sofern der Gläubiger einen Rechtsanwalt beauftragt hatte. Das Verfahren ist ansonsten mit 345,14 DM - die sechste Rate - immer noch teuer genug, wobei die Kosten bis zur Erwirkung eines Vollstreckungsbescheides immerhin bei dieser Forderungshöhe sich auf 476,80 DM summieren. Einigt man sich innerhalb der 6-Monatsfrist, kann man also etwa 27 % der Kosten „sparen".

TIP: Nutzen Sie die 6-monatige Frist nach Zustellung eines Mahnbescheides, um Ihre Verbindlichkeiten zu tilgen und dadurch Kosten zu sparen.

Es sei darauf hingewiesen, daß der Gläubiger sich keineswegs darauf einlassen muß, daß Vollstreckungsbescheid erst dann beantragt wird, wenn die vom Schuldner zugesagten Raten nicht pünktlich eingehen. Keineswegs wird ein ordnungsgemäß beratener Gläubiger aber die 6-Monatsfrist verstreichen lassen und damit die Wirkungen des Mahnbescheides wegfallen lassen. Dahingehende Hoffnungen eines Schuldners sind unberechtigt und führen nur zu weiteren Nachteilen. Der Gläubiger wird sicherlich nicht irgendwann im Verfahren und insbesondere bei der Zwangsvollstreckung Zugeständnisse machen, wenn er feststellt, daß der Schuldner nur „auf Zeit spielt".

Manchmal sind zwei oder mehrere Schuldner verpflichtet, Ansprüche des Gläubigers zu befriedigen. Dann wird im Mahnbescheid darauf hingewiesen, daß es auch noch weitere Schuldner gibt. In dem Fall ist unter dem Feld „Antragsteller" des Mahnbescheides zumindest der vollständige Name des weiteren Schuldners angegeben und dieser durch Ankreuzen des entsprechenden Feldes als Gesamtschuldner bezeichnet. In diesem Falle müssen Sie sich umgehend mit dem weiter bezeichneten Schuldner in Verbindung setzen, damit dieser in das weitere Verfahren eingebunden ist. Dieser hat seinerseits auch einen gleichlautenden Mahnbescheid erhalten. Jeder der bezeichneten Gesamtschuldner ist allein und für sich verpflichtet, den gesamten Betrag des Mahnbescheides - sofern die Forderung berechtigt ist - zu bezahlen, allerdings darf der Gläubiger nur einmal den vollen Betrag erhalten. Es muß daher sichergestellt sein, daß die Gesamtschuldner nicht sozusagen „doppelt bezahlen".

Zwischen den Gesamtschuldnern besteht eine Ausgleichungspflicht hinsichtlich der von einem der Gesamtschuldner gezahlten Beträge.

TIP: Setzen Sie sich mit weiteren Schuldnern derselben Forderung in Verbindung und stimmen Sie sich mit diesen hinsichtlich der Zahlungen oder des weiteren Vorgehens ab!

III. Kapitel: Vollstreckbare Titel

Das Mahnverfahren kann je nach Verhalten des Schuldners abgeschlossen werden mit einem uneingeschränkten Vollstreckungsbescheid, mit einem Teilvollstreckungsbescheid oder dadurch, daß der Rechtsstreit an das sachlich und örtlich zuständige Gericht abgegeben wird, wenn der Schuldner Widerspruch und sei es auch nur Teilwiderspruch eingelegt hat. Im letzten Fall muß ein den Regeln der Zivilprozeßordnung entsprechendes Gerichtsverfahren durchgeführt werden, welches mit einem Urteil (oder Vergleich) endet und gegebenenfalls durch weitere Instanzen geführt werden kann. In den Fällen, wo (Teil-) Vollstreckungsbescheid ergeht, kann aus diesen die Zwangsvollstreckung sofort begonnen werden. Aus nach einem Gerichtsverfahren erstrittenen Urteil kann der Gläubiger unter bestimmten Voraussetzungen sofort, ansonsten gegebenenfalls nach Sicherheitsleistung vollstrecken.

Außer diesen Vollstreckungsbescheiden und Urteilen gibt es auch Fälle, in denen bei unbestreitbaren Forderungen der Schuldner notarielle Schuldanerkenntnisse, die eine Zwangs-

vollstreckungsunterwerfungsklausel enthalten, unterzeichnet hat. Aus diesen sogenannten „vollstreckbaren Urkunden" ist ebenfalls die Zwangsvollstreckung möglich.
An dieser Stelle sei angemerkt, daß kein Schuldner sich zu einem notariellen Schuldanerkenntnis mit Zwangsvollstreckungsunterwerfungsklausel veranlassen, geschweige denn nötigen lassen sollte, wenn nicht 100 % sicher und mehrfach geprüft Einwendungen gegen die geltend gemachte Forderung nicht bestehen. Ein solches notarielles Schuldanerkenntnis ist schnell unterschrieben und nicht anfechtbar, so daß dem Schuldner die in den übrigen Verfahren bestehenden Überlegungsfristen und Möglichkeiten, Rechtsrat einzuholen, unter Umständen nicht zur Verfügung stehen. Zwar weist der Notar in aller Deutlichkeit auf die Rechtsfolgen hin, dennoch ist erfahrungsgemäß der Schuldner oft weder in der Lage noch willens, die Tragweite seiner Entscheidung und seiner Unterschriftsleistung zu erfassen.

Eine besondere Fallgestaltung findet sich oft in notariellen Verträgen über Grundstücks- und Gebäudekäufe. Dort wird von unseriösen Maklern trotz fehlender schriftlicher Verträge oder auch nur mündlicher Absprachen versucht, Provisionsklauseln in den notariellen Kaufvertrag mit Zwangsvollstreckungsunterwerfungsklauseln einzubauen. Dies funktioniert so, daß der unseriöse Makler einen Notar mit der Abfassung des notariellen Kaufvertrages beauftragt und zu seiner eigenen

„Sicherheit" diese Provisionsklausel einflechten läßt. Diese Klausel steht in der Regel ziemlich am Ende von teilweise sehr langen Verträgen, die vom Notar komplett vorgelesen werden müssen und letztlich dazu führen, daß die Aufmerksamkeit nachläßt. Wenn dann Käufer und Verkäufer den Vertrag nicht vorher (anfordern!!) genauestens geprüft haben, kann es sein, daß der Vertrag mit der Maklerprovisionsklausel unterschrieben wird, weil nicht bis zum letzten Satz aufmerksam zugehört und nicht widersprochen wird. Selbst die Hinweise des Notars, die regelmäßig zu diesem Punkt des Vertrages angebracht werden, führen nicht immer dazu, daß nachgefragt und widersprochen wird. Oft ergibt sich, daß nur wegen der besonderen Atmosphäre in einem Notariat - die für viele fremd und beeindruckend ist - und weil man das schöne Haus kaufen oder verkaufen wollte - der Vertrag mit der Maklerprovisionsklausel unterschrieben wird und so ein für den Makler sofort vollstreckbarer Titel geschaffen wird. Hier ist höchste Aufmerksamkeit geboten und es kann nicht nachdrücklich genug davor gewarnt werden, solche Klauseln zu unterschreiben.

TIP: Bei Haus- und Grundstückskauf den notariellen Vertragsentwurf genau prüfen und Maklerprovisionsklauseln auf jeden Fall streichen lassen, wenn nicht eine Provisionszahlung VORHER mündlich oder schriftlich genau vereinbart wurde!

Der seriöse Makler wird regelmäßig gegen eine solche Vorgehensweise nichts einzuwenden haben, weil er sich durch schriftliche Verträge abgesichert und seine Leistung korrekt und vollständig erbracht hat und ebenso von seinem Kunden erwarten darf, daß dieser eine vereinbarte und festgelegte Maklerprovision auch zahlt. Sollte der Kunde seinerseits unredlich sein, hat der Makler die Möglichkeiten eines jeden Gläubigers, nämlich einen Vollstreckungsbescheid oder ein Urteil zu erwirken. Der unseriöse Makler wird aber immer wieder versuchen, ohne lange Diskussion und auf schnelle und einfache Art einen vollstreckbaren Titel - gegen den nichts mehr einzuwenden ist - zu erhalten. Es sei klargestellt, daß aus einem ordnungsgemäßen Maklervertrag, den der Makler auch erfüllt hat, diesem ein Zahlungsanspruch zusteht und zu erfüllen ist. Aus juristischer Sicht bedarf es hierzu aber keineswegs der Aufnahme einer Maklerprovisionsklausel in den Grundstückskaufvertrag.

Liegt also ein Titel der oben bezeichneten Art vor und wird auch dann eine Zahlung nicht geleistet, beginnt die in der Regel teure und für den Schuldner in vielerlei Hinsicht nachteilige Zwangsvollstreckung.

Der Vollständigkeit halber sei darauf hingewiesen, daß auch gegen den Vollstreckungsbescheid innerhalb einer Frist von zwei Wochen ab der Zustellung (im blauen Umschlag) sowie gegen ein Versäumnisurteil Einspruch eingelegt werden kann. Dieser Einspruch führt dazu, daß das gesamte Verfahren vor dem sachlich und örtlich zuständigen Gericht durchgeführt werden muß. Bei Einspruch gegen Versäumnisurteil oder Vollstreckungsbescheid handelt es sich um eine „Notbremse" in den Fällen, in denen der (berechtigte) Widerspruch gegen einen Mahnbescheid oder eine Klageerwiderung versäumt worden ist. Dieses Säumnis trifft den Schuldner insoweit, als er die zusätzlich entstandenen Kosten für den Erlaß des Vollstreckungsbescheides oder des Versäumnisurteiles tragen muß, und zwar gleichgültig, ob er später in dem Rechtsstreit gewinnt.

Auch in diesen Fällen gilt aber, daß ein Einspruch nur dann sinnvoll ist, wenn in der Sache berechtigte Einwendungen vorgetragen werden können. Anderenfalls werden durch diese Einsprüche lediglich Kosten verursacht, die der Schuldner zu tragen hat.

TIP: Ist die Widerspruchsfrist gegen einen Mahnbescheid oder die Stellungnahmefrist in einem Klageverfahren versäumt, kann gegen den Vollstreckungsbescheid oder das Versäumnisurteil Einspruch eingelegt werden! (Nur sinnvoll, wenn Einwendungen in der Sache möglich)

IV. Kapitel: Die Zwangsvollstreckung

Die Zwangsvollstreckung ist das gesetzlich geregelte Verfahren zur zwangsweisen Durchsetzung von Ansprüchen eines Gläubigers gegen einen Schuldner. Dieses Zwangsvollstrekkungsverfahren ist nur und ausschließlich zulässig durch staatlich - hoheitliche Zwangsvollstreckungsorgane.

TIP: Kein privater Geldeintreiber und kein Inkassobüro ist berechtigt, selbst Zwangsmaßnahmen zur Durchsetzung von Forderungen zu ergreifen!

Weisen Sie persönliche Besuche von privaten Geldeintreibern bestimmt und nachdrücklich zurück!

Seriös arbeitende Inkassounternehmen müssen streng unterschieden werden von mehr oder weniger dubiosen „Geldeintreibern". Seriöse Inkassounternehmen werden niemals an der Wohnungstür vorsprechen und jemanden zur Zahlung eines Geldbetrages veranlassen wollen, andererseits aber dem

Schuldner jederzeit die Gelegenheit und Möglichkeit geben, durch eine persönliche Besprechung in den Geschäftsräumen des Inkassobüros Möglichkeiten der Schuldenregulierung zu finden. Von solchen seriösen Inkassounternehmen werden Sie auch keine „Drohbriefe" erhalten, in denen Ihnen beispielsweise mit Nachteilen im privaten Bereich gedroht wird. Solche Schreiben von unseriösen Unternehmen braucht kein Schuldner zu beachten.

Umgekehrt empfiehlt es sich unbedingt, mit einem Inkassounternehmen einvernehmliche Regelungen zu treffen, wobei nochmals darauf hingewiesen wird, daß kein Inkassounternehmen ein Zwangsvollstreckungsorgan ist.

Organe der Zwangsvollstreckung sind:

a) der Gerichtsvollzieher
b) das Vollstreckungsgericht
c) das Prozeßgericht des ersten Rechtszuges
d) das Grundbuchamt
e) die Schiffsregisterbehörde

Dabei ist der Gerichtsvollzieher im wesentlichen für die Zwangsvollstreckung in das bewegliche Vermögen des Schuldners, die Herausgabevollstreckung und vielerlei Zustellungen zuständig.

ACHTUNG!

Änderung im Zwangsvollstreckungsrecht:

Ab dem 01.01.1999 ist der Gerichtsvollzieher darüber hinaus für die Abnahme der Eidesstattlichen Versicherung zuständig, die früher dem Vollstrekkungsgericht vorbehalten war und außerordentlich kompliziert abgelaufen ist.

Das Vollstreckungsgericht führt die Forderungsvollstreckung und die Immobiliarvollstreckung durch, wobei hiervon die Eintragung von Zwangshypotheken ausgenommen ist:

- Die Forderungsvollstreckung bedeutet, daß beispielsweise Lohnpfändungen durch das Vollstreckungsgericht veranlaßt werden oder andere Forderungen gepfändet werden.

- Die Immobiliarvollstreckung betrifft die Zwangsversteigerung und Zwangsverwaltung von Grundstücken.

Das Prozeßgericht ist das zuständige Vollstreckungsorgan für die Vollstreckung von vertretbaren und unvertretbaren Handlungen. Wird beispielsweise ein Mieter verurteilt, die an der Außenwand angebrachte SAT-Antennenanlage zu entfernen, ist für die hierfür notwendigen Vollstreckungsmaßnahmen das Prozeßgericht zuständig.

Das Grundbuchamt und die Schiffsregisterbehörde nehmen Eintragungen von Zwangshypotheken vor und zwar auf Grundstücke bzw. Schiffe oder Schiffsbauwerke.

Es sei nochmals klargestellt, daß Maßnahmen der Zwangsvollstreckung ausschließlich durch die staatlichen Vollstrekkungsorgane möglich sind. Diese werden jedoch nur auf Antrag tätig. Dies bietet für den Schuldner die Möglichkeit, trotz der drohenden Zwangsvollstreckung nochmals einen Versuch zu unternehmen, mit dem Gläubiger die teure Zwangsvollstrekkung zu vermeiden und beispielsweise Ratenzahlungen anzubieten (und einzuhalten!).

Die Zwangsvollstreckung ist außerordentlich kompliziert und vielfältig, so daß in diesem Rahmen nicht auf juristische Feinheiten des Zwangsvollstreckungsrechtes eingegangen werden kann.

Dennoch ist es zweckmäßig, sich zumindest einen groben Überblick über das System der Zwangsvollstreckung zu verschaffen. Sie werden erkennen, daß es eine Vielzahl von dem Laien völlig unbekannten Zwangsvollstreckungsverfahren gibt, wobei jedes Verfahren seine eigenen Besonderheiten hat.

Das System der Zwangsvollstreckung ergibt sich aus der folgenden Grafik:

Schaubild System der Zwangsvollstreckung

ZV wegen Geldforderungen, §§ 803-882 a ZPO		ZV wegen anderer Ansprüche, §§ 883-898 ZPO
in bewegliches Vermögen §§ 823-863 ZPO	in unbewegliches Vermögen §§ 864-871 ZPO, ZVG	Anspruch auf Herausgabe und Leistung von Sachen, §§ 883-886 ZPO Gerichtsvollzieher
Pfändung beweglicher Sachen, §§ 808-827 ZPO Gerichtsvollzieher	Eintragung einer Zwangshypothek, § 867 ZPO Grundbuchamt	Anspruch auf vertretbare oder unvertretbare Handlungen, §§ 887, 888 ZPO Prozeßgericht
oder	oder	
Pfändung von Forderungen und anderen Rechten, §§ 828-863 ZPO Vollstreckungsgericht	Zwangsversteigerung, § 869 ZPO, §§ 15 ff ZVG Vollstreckungsgericht	Anspruch auf Unterlassung oder Duldung, § 890 ZPO Prozessgericht
	oder	
	Zwangsverwaltung, § 869 ZPO §§ 146 ff ZVG Vollstreckungsgericht	Anspruch auf Abgabe einer Willenserklärung, §§ 894-898 ZPO Prozeßgericht

Der Gläubiger kann eine Zwangsvollstreckungsmaßnahme nach der anderen durchführen, er kann aber auch gleichzeitig mehrere Zwangsvollstreckungsmaßnahmen veranlassen.

In Extremfällen kommt es dazu, daß der Schuldner durch gleichzeitigen Besuch des Gerichtsvollziehers, Kontenpfändung, Lohnpfändung beim Arbeitgeber, Zwangsversteigerungsantrag hinsichtlich der vom Schuldner innegehaltenen Eigentumswohnung und Pfändung des eigenen Pkw in wirtschaftlicher Hinsicht völlig gelähmt wird und keinerlei Verbindlichkeiten mehr bedienen kann.

Aber auch diese Situation ist letztlich nicht aussichtslos, weil es auch nicht im Interesse des Gläubigers liegt, den Schuldner handlungsunfähig und damit endgültig einkommenslos zu machen.

Durch eine solche „Rundumvollstreckung" soll regelmäßig der Schuldner nur veranlaßt werden, jetzt endlich eine vernünftige und tragbare Regelung herbeizuführen. Der Schuldner, der in dieser brisanten Situation allerdings immer noch nicht reagiert, hat sich die Vernichtung seiner wirtschaftlichen Existenz wirklich selbst zuzuschreiben. Da helfen weder verspätete Vollstreckungsschutzanträge noch Vorsprachen beim Sozialamt etwas, sondern nur voller Einsatz und redliches Bemühen um eine Schuldenregulierung.

Der Übersichtlichkeit halber soll im nachfolgenden aber nicht von dieser „Rundumvollstreckung" ausgegangen werden, sondern jede einzelne Zwangsvollstreckungsmaßnahmen mit den legalen Möglichkeiten, die der Schuldner hat, beschrieben werden.

Der besseren Übersicht wegen werden vorab die Rechtsbehelfe zusammengefaßt, denn durch Maßnahmen oder Entscheidungen in der Zwangsvollstreckung könnten die Rechte sämtlicher beteiligter Parteien - sowohl Gläubiger als auch Schuldner als auch Dritte - verletzt werden. Durch die verschiedenen Rechtsbehelfe in der Zwangsvollstreckung kann solchen rechtswidrigen Eingriffen begegnet werden. Soweit die Verletzung vollstreckungsrechtlicher Vorschriften gerügt wird, kommen folgende Rechtsbehelfe in Betracht:

a) Vollstreckungserinnerung
b) Rechtspflegererinnerung
c) sofortige Beschwerde
d) Grundbuchbeschwerde

Einwendungen in der Sache (sogenannte materiellrechtliche Einwendungen) hingegen sind geltend zu machen durch

1.) Vollstreckungsabwehrklage des Schuldners
2.) Drittwiderspruchsklage des Dritten

3.) Vorzugsklage des Dritten

Eine umfassende und allgemeine Schuldnerschutzvorschrift findet sich in § 765 a ZPO. Mit diesem Vollstreckungsschutzantrag kann jeder Schuldner Maßnahmen angreifen, die entweder sittenwidrig sind oder in der konkreten Auswirkung auf den Schuldner eine unzumutbare Härte darstellen.

Möglich, aber kein echter Rechtsbehelf und im Zweifelsfall wenig erfolgreich ist die Dienstaufsichtsbeschwerde gegen den Gerichtsvollzieher. Allerdings dient sie nur dazu, das dienstliche Verhalten des Gerichtsvollziehers durch seinen Dienstvorgesetzten überprüfen zu lassen.

Der Schuldner hat also im wesentlichen folgende Möglichkeiten, bei unrechtmäßigen Zwangsvollstreckungsmaßnahmen zu reagieren:

a) Die Vollstreckungserinnerung ist der förmliche Rechtsbehelf einer Vollstreckungspartei gegen Vollstreckungsmaßnahmen des Gerichtsvollziehers oder des Vollstreckungsgerichtes. Sie darf keineswegs verwechselt werden mit der sofortigen Beschwerde gemäß § 793 ZPO. Durch diese sofortigen Beschwerden werden Entscheidungen des Vollstreckungsgerichtes angegriffen, wobei diese Entscheidungen ohne mündliche Verhandlung ergehen können. Vollstreckungserinnerung und sofortige Beschwerde schließen sich also gegenseitig aus. Aus Gründen des Schuldnerschutzes ist jedoch eine unrichtige Bezeichnung in dem „Beschwerdeschreiben" unschädlich.

Die Vollstreckungserinnerung führt zu der Überprüfung der konkret angefochtenen Maßnahme in derselben Instanz. Sie hat aber keine aufschiebende Wirkung, wobei jedoch einstweilige Anordnungen erlassen werden können.
Die Vollstreckungserinnerung ist statthaft gegen alle Maßnahmen des Gerichtsvollziehers im Rahmen der Zwangsvollstreckung.

Auf Schuldnerseite kommen nachfolgend aufgeführte Situationen in Betracht:

aa) Der Gerichtsvollzieher vollstreckt trotz fehlender Voraussetzungen (beispielsweise der Titel ist noch nicht zugestellt). Diese Situation wird nur höchst selten vorkommen, weil der Gerichtsvollzieher vor Ausführung eines Vollstreckungsauftrages seinerseits das Vorliegen der Vollstreckungsvoraussetzungen überprüft. Es könnte sich also lediglich um ein Versehen des Gerichtsvollziehers handeln und wenn der Schuldner den Gerichtsvollzieher darauf anspricht, daß beispielsweise der Titel nicht zugestellt ist, wird der Gerichtsvollzieher ohne weiteres die weitere Zwangsvollstreckung einstellen.

ab) Der Gerichtsvollzieher vollstreckt, obwohl die Gegenleistung des Gläubigers bei einer Zug- um Zug-Vollstreckung noch fehlt.

ac) Der Gerichtsvollzieher vollstreckt, obwohl bereits eine Überpfändung vorliegt.

ad) Der Gerichtsvollzieher vollstreckt, obwohl der gepfändete Gegenstand oder die gepfändete Forderung unpfändbar ist.

Die Einreden eines Vollstreckungsvertrages bzw. die Einreden unzulässiger Haft brauchen hier nicht gesondert aufgeführt werden.

Außerdem kann der Schuldner gegen die vom Gerichtsvollzieher bzw. vom Gläubiger oder dessen Rechtsanwalt in Ansatz gebrachten Kosten im Wege der Vollstreckungserinnerung vorgehen.
Hier wird der Schuldner allerdings größte Schwierigkeiten haben, weil er die Vorschriften des Gerichtsvollzieherkostengesetzes oder der ZPO oder der Bundesrechtsanwaltsgebührenordnung regelmäßig nicht zur Hand hat und insoweit Überprüfungen letztlich gar nicht anstellen kann. Im Zweifelsfalle empfiehlt es sich, den vollstreckenden Gerichtsvollzieher auf möglicherweise nicht berechtigte Vollstreckungskosten aufmerksam zu machen. Der Gerichtsvollzieher wird dann prüfen, ob

diese Kosten nicht berechtigt sind und gegebenenfalls insoweit nicht vollstrecken. Die Vollstreckung im übrigen wird aber hiervon nicht berührt.

Die Erinnerung findet auch statt gegen Vollstreckungsmaßnahmen des Vollstreckungsgerichtes, soweit es sich nicht um Entscheidungen handeln. Die Abgrenzung ist für einen Laien außerordentlich schwierig und richtet sich danach, ob es sich um eine Vollstreckungsmaßnahme oder eine Vollstreckungsentscheidung handelt.

In der Praxis hat dies für den Schuldner aber keine negativen Auswirkungen, weil er sein „Beschwerdeschreiben" bezeichnen kann wie er will und in seinem Interesse das jeweils richtige Verfahren vom Gericht durchgeführt wird.

Für die Abgrenzung zwischen Vollstreckungsmaßnahme und Vollstreckungsentscheidung ist entscheidend, wie der Beschluß zustande gekommen ist.
Eine Entscheidung liegt immer dann vor, wenn das Vollstreckungsgericht eine tatsächliche oder rechtliche Würdigung vornimmt, die über die lediglich summarische Prüfung hinausgeht.
Ein Indiz für eine Entscheidung liegt deshalb immer dann vor, wenn der anderen beteiligten Partei das sogenannte rechtliche Gehör gewährt wird.

Eine bestimmte Form ist für die Vollstreckungserinnerung nicht vorgesehen. Allerdings soll sie schriftlich oder zu Protokoll der Geschäftsstelle des Gerichtes eingelegt werden. Auch eine bestimmte Frist ist gesetzlich nicht vorgegeben, wobei allerdings das Rechtsmittel unzulässig ist, wenn das Rechtsmittel erst nach Beendigung der Zwangsvollstreckung eingelegt wird. Dies deshalb, weil dann das Rechtsschutzinteresse entfallen ist. Dieses besteht grundsätzlich nur zwischen Anfang und Ende der Zwangsvollstreckung.

Die Zwangsvollstreckung beginnt mit der ersten Handlung des Vollstreckungsorganes oder ausnahmsweise auch dann, wenn die Zwangsvollstreckung unmittelbar bevorsteht. Die Vollstrekkungsmaßnahme ist beendet, wenn sie vollständig ausgeführt ist und nicht mehr rückgängig gemacht werden kann.

Die Entscheidung des Vollstreckungsgerichtes über die Erinnerung ergeht ohne oder auch aufgrund mündlicher Verhandlung. Dem Schuldner ist zuvor rechtliches Gehör zu gewähren. Die stattgebende Entscheidung über eine Schuldnererinnerung erklärt entweder die Zwangsvollstreckung für unzulässig oder weist den Gerichtsvollzieher an, bestimmte Vollstreckungsmaßnahmen aufzuheben.

Falls eine Vollstreckungsmaßnahme des Gerichts angegriffen worden ist, kann dieses im Wege der Abhilfe sofort die fragliche

Maßnahme aufheben oder ändern. Gegen die Erinnerungsentscheidung des Vollstreckungsgerichtes ist die sofortige Beschwerde statthaft.

b) Die Rechtspflegererinnerung nach § 11 Rechtspflegergesetz ist trotz ihrer Namensähnlichkeit mit der Vollstreckungserinnerung von dieser streng zu unterscheiden. Sie hat besondere Bedeutung in der Zwangsvollstreckung, weil gemäß § 20 Nr. 16, 17 Rechtspflegergesetz ein Großteil der Vollstreckungsgeschäfte - wie z. B. die Forderungspfändung - dem Rechtspfleger funktionell übertragen worden sind. Die Rechtspflegererinnerung führt zunächst zu einer Überprüfung der angegriffenen Entscheidung durch den Rechtspfleger, der diese Entscheidung erlassen hat. Das Verfahren läuft in vier Stufen ab:

ba) Der Rechtspfleger ist der Auffassung wie der Schuldner und sieht ein, daß die von ihm erlassene Entscheidung falsch war. Dann ändert er seine Entscheidung ab, im Juristendeutsch heißt es dann, der Rechtspfleger „hilft der Erinnerung ab".

bb) Meint der Rechtspfleger aber, daß die Erinnerung vielleicht nicht zulässig oder auch unbegründet sei, so fertigt er über seine Auffassung einen Vermerk an und begründet seine Auffassung. Dann legt er den gesamten Vorgang dem Richter vor.

bc) Der Richter seinerseits kann nunmehr auf den Schuldnerantrag erkennen und seinerseits der vorgelegten Erinnerung abhelfen. Er kann aber auch die Angelegenheit an den Rechtspfleger zurückgeben und diesem Anweisung geben, in einer bestimmten Art und Weise zu verfahren oder zu entscheiden.

bd) Wenn der Richter nicht selbst entscheiden kann, legt er den Vorgang dem Rechtsmittelgericht vor und unterrichtet alle Beteiligten. Die Erinnerung gilt nun als Beschwerde gegen die Rechtspflegerentscheidung und wird als Durchgriffserinnerung bezeichnet.

Wenn Sie bis hierhin gelesen haben, haben Sie sozusagen einen „Grundkurs Rechtspflegererinnerung" absolviert. Selbstverständlich bedarf es einer intensiven Befassung mit dieser Problematik und diesem Verfahren, wenn man selbst in diesem Bereich tätig werden will. Gegebenenfalls ist korrekter Sachvortrag erforderlich. Erfolgt dieser nicht, weist das Gericht auf nachzuholende Dinge hin und setzt Fristen. Dies führt immer zu einer Verzögerung der Bearbeitung des Rechtsmittels und damit regelmäßig zu Nachteilen für den Schuldner. Daher sollte nur derjenige, der sich wirklich mit diesem Komplex befaßt, selbst tätig werden.

Das komplizierte Verfahren wird durch das nachfolgende Schaubild verdeutlicht:

Schaubild Rechtspflegeerinnerung gem. § 11 RPflG

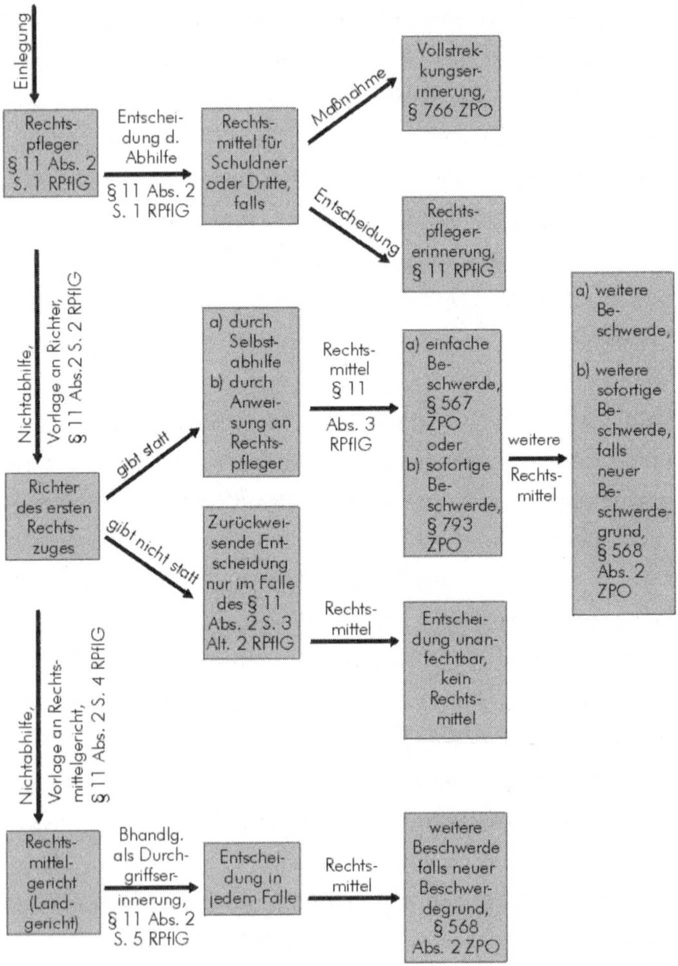

Es dürfte einleuchten, daß der Schuldner in diesen Verfahren regelmäßig anwaltliche Hilfe in Anspruch nehmen muß, um sich gegen unberechtigte Zwangsvollstreckungsmaßnahmen eines Gläubigers zur Wehr zu setzen. Ebenso klar ist, daß Vollstreckungsabwehrmaßnahmen, die mutwillig oder grundsätzlich nicht aussichtsreich sind, lediglich dazu führen, daß die Kosten des Verfahrens den Schuldenberg des Schuldners erhöhen und letztlich sich nur nachteilig auswirken.

Nicht ausgeschlossen werden können Fälle, in denen die Zwangsvollstreckung eine sittenwidrige Härte darstellt. Dann kann gemäß § 765 a ZPO der Schuldner geradezu außerhalb des Systems der formellen Rechtsbehelfe Vollstreckungsschutz beantragen und erlangen. Voraussetzung ist aber, daß ganz besondere Umstände eine Härte bedeuten, die wirklich mit den guten Sitten nicht mehr vereinbar ist.

Es handelt sich bei dem Vollstreckungsschutz nach § 765 a ZPO um eine Generalklausel zu Gunsten des Schuldners, sozusagen eine Notbremse. Er ist anwendbar bei allen Vollstreckungstiteln und bei allen Arten von Vollstreckungen, insbesondere auch im Bereich des Zwangsversteigerungsgesetzes. Diese Vorschrift der Zivilprozeßordnung hat den Sinn, den Schuldner auch dann noch zu schützen, wenn alle anderen Rechtsbehelfe wie die Erinnerung oder eine Vollstreckungsabwehrklage nicht oder nicht mehr zur Verfügung stehen.

Es soll eigentlich verhindert werden, daß ein Schuldner in seinem allgemeinen Persönlichkeitsrecht unter Verletzung des Grundsatzes der Verhältnismäßigkeit und damit in einem Grundrecht verletzt wird.

Allerdings ist dieser Vollstreckungsschutz wirklich eine „gesetzliche Notbremse", und kann daher nicht mit denjenigen Einwendungen begründet werden, die im Rahmen von anderen Rechtsbehelfen vorgebracht werden könnten.

Ganz wichtig ist insoweit, daß sich der Schuldner nicht auf § 765 a ZPO berufen kann, wenn er die gesetzlich vorgegebenen Fristen für die „üblichen" Rechtsmittel versäumt hat. Die Vorschrift ist besonders eng auszulegen, was in der Praxis allerdings gelegentlich (zu Gunsten des Schuldners!) verkannt wird.

Zu bedenken ist auch, daß man an der Berechtigung dieser Klausel zweifeln darf, weil schließlich das vom Gläubiger teilweise äußerst mühsam erstrittene Recht völlig entwertet werden kann.
Zuständig für dieses Verfahren ist immer das Vollstreckungsgericht. Erforderlich ist immer ein Antrag des Schuldners. Keinesfalls wird das Gericht von amts wegen tätig. Der Antrag ist schriftlich zu stellen oder wird in der Geschäftsstelle des Amtsgerichtes protokolliert.

Der Vollstreckungsschutzantrag des Schuldners ist nur dann begründet, wenn die Vollstreckungsmaßnahme unter voller Würdigung des Gläubigerinteresses wegen ganz besonderer Umstände eine sittenwidrige Härte bedeutet. Die Entscheidung setzt eine qualifizierte Interessenabwägung voraus, die sich grundsätzlich im Bereich von Grundrechtsverletzungen bewegen muß. Grundsätzlich ist entsprechend dem Wortlaut der Vorschrift den „Gläubiger"-Interessen Vorrang einzuräumen, wenn die beiderseitigen Interessen gleich zu beurteilen sind. Dies hat sogar dann Gültigkeit, wenn das Gericht eine untragbare Härte annehmen sollte.

Es sei nochmals betont, daß die Belastungen, die entstehen, den Rang von Grundrechtsverletzungen haben müssen. Es ist auch unerheblich, ob der Schuldner die Notlage schuldhaft oder eigenverantwortlich herbeigeführt hat oder nicht.

Bejaht das Gericht die Voraussetzungen und eine Interessenabwägung zu Gunsten des Schuldners, kann das Gericht Vollstreckungsmaßnahmen ganz oder teilweise aufheben, untersagen oder auch einstweilen einstellen. Jedenfalls wird das Gericht aber diejenige wählen, die Gläubigerinteressen am geringsten berührt.

Die Dienstaufsichtsbeschwerde gegen den Gerichtsvollzieher oder den Rechtspfleger oder auch den Richter hat als

Schuldnerschutzvorschrift keine praktische Bedeutung. Denn die Dienstaufsichtsbeschwerde hat keine aufschiebende Wirkung und führt niemals dazu, daß unmittelbar eine Vollstreckungsmaßnahme aufgehoben wird. Hierfür müssen die üblichen Rechtsbehelfe der Erinnerung usw. eingesetzt werden.

Durch Vollstreckungsabwehrklage kann der Schuldner mit materiellen Einwendungen, d. h. Einwendungen in der Sache, die Vollstreckbarkeit eines bereits ergangenen rechtskräftigen Titels beseitigen. Anders als mit den Rechtsbehelfen der Zwangsvollstreckung, mit denen nur einzelne Zwangsvollstreckungsmaßnahmen angegriffen werden können, führt die Vollstreckungsabwehrklage dazu, daß das Urteil oder der Vollstreckungsbescheid oder ähnliche Vollstreckungstitel in ihrer Durchsetzbarkeit vernichtet oder wenigstens gehemmt werden. Zuständig ist das Gericht, welches im Erkenntnisverfahren entschieden hat. Auch insoweit wird der Schuldner wohl nicht ohne anwaltlichen Rat auskommen können.

V. Kapitel: Der Ablauf einzelner Zwangsvollstreckungsmaßnahmen

1. Tätigkeit des Gerichtsvollziehers

Üblicherweise wird der Gläubiger zunächst einen Gerichtsvollzieher beauftragen, umfangreich beim Schuldner zu vollstrecken. Dabei wird der Gläubiger dem Gerichtsvollzieher genaue Anweisungen geben, welche Art von Vollstreckungshandlungen er wünscht.

So kann beispielsweise der Gerichtsvollzieher angewiesen werden, ein bestimmtes Fahrzeug zu pfänden, die Geldbeträge in der Kasse eines Ladengeschäftes oder einer Gaststätte zu pfänden oder auch dem „Schuldner in die Tasche zu greifen" und dort eine Taschenpfändung durchzuführen. Gleichzeitig wird der Gläubiger auch veranlassen, daß nicht nur in der Wohnung, sondern auch beispielsweise in einer Garage, einem Ladengeschäft oder einer Werkstatt vollstreckt wird. Auch eine Austauschpfändung oder eine Vorwegpfändung wird grundsätzlich mitbeauftragt werden. Außerdem wird der Gerichtsvollzieher sicher beauftragt, auch wertvolle Gegenstände im

Besitz eines Dritten dort zu pfänden und wegzunehmen.

Regelmäßig wird der Gerichtsvollzieher persönlich an der vom Gläubiger bezeichneten Adresse, die grundsätzlich mit der Adresse im Titel übereinstimmen muß, die Vollstreckung versuchen.

Es hat sich eingebürgert, daß der Gerichtsvollzieher das Vorliegen eines Vollstreckungsauftrages zunächst dem Schuldner mitteilt und seinen Besuch ankündigt sowie dem Schuldner Gelegenheit gibt, durch persönliche Rücksprache im Büro des Gerichtsvollziehers die Angelegenheit zu regeln. Selbst wenn durch dieses Vorgehen der Gerichtsvollzieher womöglich Gläubigerinteressen vereitelt werden, bietet dies für den Schuldner immerhin noch eine Möglichkeit, den unter Umständen peinlichen Besuch eines Gerichtsvollziehers in einer größeren Wohnanlage zu vermeiden. Wieder hat der Schuldner die Möglichkeit, die Angelegenheit zu regeln.

TIP: Wenn der Gerichtsvollzieher seinen Besuch schriftlich ankündigt oder eine Nachricht für Sie nach einem vergeblichen Versuch hinterläßt, setzen Sie sich sofort mit dem Gerichtsvollzieher telefonisch oder am besten persönlich in Verbindung.

Der Gerichtsvollzieher ist verpflichtet, die Vollstreckungsvoraussetzungen zu prüfen und wird einen Vollstreckungsauftrag gegebenenfalls nachdrücklich ausführen.

Wenn der Schuldner der Auffassung ist, daß die Forderung auch als titulierte Forderung nicht berechtigt ist, muß er alle Möglichkeiten der Rechtsbehelfe im Zwangsvollstreckungsverfahren ausschöpfen. Diese sind in der Regel zeitaufwendig und nicht ohne anwaltlichen Rat oder Inanspruchnahme der Rechtsantragsstelle der Gerichte zu veranlassen.

Allerdings hat der Schuldner die Möglichkeit, dem Gerichtsvollzieher das Betreten der Wohnung und des Geschäftslokales zu verbieten bzw. nicht zu gestatten. Dies führt dazu, daß der Gerichtsvollzieher die Zwangsvollstreckung einstellen muß und der Gläubiger eine richterliche Durchsuchungsanordnung beantragen muß.

Jedoch wird das Gericht diese Durchsuchungsanordnung regelmäßig erlassen, so daß genau abzuwägen ist, ob dem Gerichtsvollzieher die Durchsuchung der Wohnung verweigert wird. Vorstellbar ist eine solche Reaktion in den Fällen, in denen nach 20 oder mehr Jahren völlig überraschend aus einem Titel vollstreckt werden soll, der bei dem Schuldner eigentlich schon in Vergessenheit geraten ist. Die Vollstreckung kann in einem solchen Falle durch den Schuldner zunächst verhindert werden, indem er dem Gerichtsvollzieher das Betreten der Wohnung untersagt. Sinn macht eine solche Vorgehensweise aber nur dann, wenn die dann „gewonnene" Zeit genutzt wird, den Sachverhalt aufzuklären und unmittelbar eine Regelung mit dem Gläubiger herbeizuführen.

TIP: Untersagen Sie dem Gerichtsvollzieher nur dann die Durchsuchung Ihrer Wohnung, wenn Sie sicher sind, daß Sie die Zeit nutzen können, um eine einvernehmliche Regelung herbeizuführen.

In allen anderen Fällen verursacht dieses Verhalten des Schuldners lediglich eine kurzfristige Verfahrensverzögerung und löstunter Umständen ganz erhebliche Kosten aus, denn der Gerichtsvollzieher wird mit dem vom Gläubiger erwirkten Durchsuchungsbeschluß des zuständigen Amtsgerichtes beim nächsten Termin ohne jede Vorankündigung mit einem Schlosser an der Wohnung des Schuldners erscheinen und notfalls durch gewaltsames Öffnen der Wohnungstür und mit Unterstützung von Polizeibeamten die Wohnung genauestens durchsuchen. Der Schuldner darf sich in diesen Fällen keine Hoffnung machen, daß der Gerichtsvollzieher irgend etwas übersieht.

Die geschulten Vollstreckungsorgane stellen sehr schnell fest, ob irgendwelche Gegenstände beispielsweise aus der

Wohnung gebracht worden sind oder ob irgendwelche Bankverbindungen oder Bankguthaben - auch im Ausland - verschleiert werden sollten.

In aller Regel führt aber die Durchsuchung einer Wohnung - gleichgültig ob mit Einwilligung oder gegen den Willen des Schuldners - nicht zu einer sofortigen Befriedigung des zwangsweise beizutreibenden Gläubigeranspruches. Denn dann müßten sich teilweise erhebliche Barbeträge oder Wertpapiere im Besitz des Schuldners befinden, was nur sehr selten der Fall ist. Denn sowohl Bargeld als auch Wertpapiere werden üblicherweise in Bankschließfächern aufbewahrt (zu diesen kann sich der Gläubiger aber auch Zugang verschaffen!). Im übrigen sind die meisten Gegenstände in einem normalen Haushalt gemäß § 811 ZPO sowieso unpfändbar. Gemäß § 812 ZPO sieht der Gerichtsvollzieher aber auch in der Regel davon ab, die zum gewöhnlichen Hausrat gehörenden Gegenstände wegen wirtschaftlicher Unverwertbarkeit zu pfänden. Es ergibt sich daher die fatale Situation für den Gläubiger, daß dieser durch die Beauftragung eines Gerichtsvollziehers nur in einem ganz geringen Prozentsatz der Fälle Befriedigung seiner titulierten Forderungen erreicht.

Unabhängig hiervon wird der Gerichtsvollzieher gegebenenfalls ein neues Fernsehgerät oder ein neues Ledersofa oder teure Teppiche pfänden, diese aber in aller Regel bei dem

Schuldner belassen. Denn zwischenzeitlich stellt sich die Situation so dar, daß die Einlagerungs- und Verwertungskosten so hoch sind, daß ihre Verwertung nicht einmal die Kosten des Verfahrens decken würde.

Pfändet der Gerichtsvollzieher aber tatsächlich beispielsweise einen wertvollen chinesischen Seidenteppich, so kann der Schuldner einen Antrag nach § 813 a ZPO stellen. Dieser Antrag muß innerhalb einer Frist von zwei Wochen nach der Pfändung gestellt werden, weil er ansonsten ohne sachliche Prüfung zurückzuweisen ist, wenn das Vollstreckungsgericht die Überzeugung hat, daß der Schuldner den Antrag in der Absicht der Verschleppung oder aus grober Nachlässigkeit nicht früher gestellt hat. Die Fristbeachtung ist daher außerordentlich wichtig.

Der Schuldner kann dann beantragen, daß das Vollstreckungsgericht die Verwertung gepfändeter Sachen - hier des Teppichs - unter Anordnung von Zahlungsfristen zeitweilig aussetzt, wenn dies nach der Persönlichkeit und den wirtschaftlichen Verhältnissen des Schuldners sowie nach der Art der Schuld angemessen erscheint und nicht überwiegende Belange des Gläubigers entgegenstehen.

Außerdem muß der Schuldner schutzwürdig sein. Ein unredlicher oder unzuverlässiger Schuldner verdient keine Nachsicht und der Antrag ist dann sicherlich aussichtslos. Die Unzuverlässigkeit des Schuldners kann sich im übrigen auch aus der Art der Schuld und aus dem Verhalten des Schuldners gegenüber dem Gläubiger vor oder während des Rechtsstreites oder Zwangsvollstreckung ergeben.

Hier ist nochmals darauf hinzuweisen, daß immer der Versuch unternommen werden muß, Verbindlichkeiten zu tilgen oder Regelungen mit dem Gläubiger herbeizuführen. Hat der Schuldner nämlich während des Rechtsstreites oder in der Zwangsvollstreckung alles getan, um die berechtigten Ansprüche des Gläubigers abzuwehren oder Zwangsvollstrekkungen ins Leere gehen zu lassen, wird er im Zweifelsfalle auch den Schuldnerschutz des § 813 a - zu Recht - nicht mehr in Anspruch nehmen können.

Bei kleineren vom Gerichtsvollzieher beizutreibenden Beträgen kommt in Betracht, daß die Forderung sofort bezahlt wird oder in einer vom Gerichtsvollzieher zu setzenden Frist in dessen Büro bezahlt wird. In diesen Fällen hat der Schuldner Anspruch darauf, daß ihm bei vollständiger Zahlung der Vollstreckungstitel ausgehändigt wird und Belege über die Vollstreckungskosten ebenso ausgehändigt werden.

Bei teilweiser Bezahlung wird der Gerichtsvollzieher auf dem Vollstreckungsbescheid oder einem anderen Titel schriftlich mit

Datum und Unterschrift vermerken, daß ein bestimmter Betrag bezahlt worden ist. Der Schuldner wird vom Gerichtsvollzieher für bar bezahlte Beträge eine Quittung erhalten und - falls dieses ausnahmsweise nicht der Fall sein sollte - eine solche Quittung fordern. Außerdem darf der Schuldner anhand des ihm vorzuzeigenden Titels überprüfen, ob die bezahlte Summe als „abgeschrieben" auf dem Titel vermerkt ist.

Für die Vereinbarung von Ratenzahlungen ist der Gerichtsvollzieher nicht zuständig. Wichtig ist auch, daß der Gerichtsvollzieher einen Vollstreckungsantrag je nach örtlichem Brauch nach Einzug eines Teilbetrages an den Gläubiger zurücksendet. Denn mit dem Einzug des Teilbetrages ist dieser Vollstreckungsauftrag für den Gerichtsvollzieher erledigt. Selbst wenn der Schuldner bereit ist, Raten an den Gerichtsvollzieher zu zahlen, wird er vom Gerichtsvollzieher üblicherweise darauf hingewiesen, daß die Raten an den Gläubiger direkt zu zahlen sind.

Geschieht dieses dann nicht, wird der Gläubiger einen erneuten Vollstreckungsauftrag erteilen, der Gerichtsvollzieher erneut die Vollstreckung versuchen und erneut einen Teilbetrag einziehen und sodann den Vollstreckungsauftrag an den Gläubiger zurücksenden. Bei jeder dieser Vollstreckungshandlungen fallen Vollstreckungskosten in erheblicher Höhe an, so daß bei kleineren Teilzahlungen und hoher Hauptforderung der Fall eintreten kann, daß gerade einmal die Gerichtsvollzieherkosten durch die Teilzahlung gedeckt sind.

TIP: Nach Zwangsvollstreckungsmaßnahmen des Gerichtsvollziehers, Ratenzahlungsvereinbarungen immer mit dem Gläubiger oder dessen Rechtsanwalt vereinbaren, nicht mit dem Gerichtsvollzieher!

Manche Schuldner sind für den Gerichtsvollzieher grundsätzlich nicht erreichbar. Dies kann seinen Grund darin haben, daß der Schuldner tagsüber ständig unterwegs ist und nur am Wochenende in seine Wohnung zurückkehrt oder kann daran liegen, daß der Schuldner versucht, sich den Vollstreckungshandlungen zu entziehen und einfach seinen Wohnungstür nicht öffnet und dabei einkalkuliert, daß der Gerichtsvollzieher wohl nicht nachts um zwei Uhr oder am Sonntag Vormittag um halb elf erscheinen wird. Mancher Schuldner hat insoweit schon aus seiner Sicht böse Überraschungen erlebt, denn der Gerichtsvollzieher versucht vielleicht zwei- oder dreimal einen Schuldner anzutreffen und teilt dann dem Gläubiger mit, daß zu den üblichen Zeiten (zwischen 7.00 Uhr morgens und 21.00 Uhr abends werktags) die Vollstreckung nicht möglich ist, weil der Schuldner nicht anzutreffen ist. Darauf beantragt der Gläubiger - und erhält ohne weiteres - eine richterliche

Genehmigung, wonach die Vollstreckung zur Nachtzeit oder am Wochenende stattfinden kann. Diese Vollstreckungshandlungen sind naturgemäß erheblich teurer als die üblichen Vollstreckungsmaßnahmen des Gerichtsvollziehers zu üblichen Tageszeiten. Der Schuldner kann also durch ein solches Verhalten Vollstreckungen nicht vereiteln, sondern produziert lediglich höhere Kosten.

Gegen einfache Vollstreckungsakte des Gerichtsvollziehers ist - wie oben dargelegt - die Vollstreckungserinnerung als Rechtsbehelf zulässig.

2. Kontenpfändung

Höchst unangenehm für den Schuldner ist es, wenn der Gläubiger nicht nur den Gerichtsvollzieher mit der Zwangsvollstreckung beauftragt, sondern anstelle dieser Vollstreckungsmaßnahme oder parallel dazu eine sogenannte Kontenpfändung veranlaßt.

Dies geschieht dadurch, daß der Gläubiger beim zuständigen Vollstreckungsgericht einen Pfändungs- und Überweisungsbeschluß beantragt. Oft wird zuvor, und um Verfügungen des Schuldners über seine Bankverbindung zu verhindern, ein vorläufiges Zahlungsverbot nach § 845 ZPO an die Bank des Schuldners zugestellt. Dieses Vorläufige Zahlungsverbot hat die Wirkung, daß die Bank keinerlei Zahlungen von dem Konto an den Schuldner und Kontoinhaber mehr vornehmen darf (mit Ausnahme von unpfändbaren Sozialleistungen).

Allerdings wird auf ein vorläufiges Zahlungsverbot innerhalb kürzester Frist auch ein Pfändungs- und Überweisungsbeschluß folgen, weil das Vorläufige Zahlungsverbot nach der Frist von einem Monat seine Wirkung verliert. Jedenfalls ist der Schuldner aufgrund des Vorläufigen Zahlungsverbotes bzw. des Pfändungs- und Überweisungsbeschlusses daran gehindert, über seine Bankverbindung zu verfügen. Abgesehen davon, daß die Bank für die Bearbeitung einer solchen Pfändung regelmäßig erhebliche Gebühren berechnet, führt dieses Vorgehen des Gläubigers dazu, daß der Schuldner beispielsweise seine Mieten oder seine sonstigen Ratenzahlungsverpflichtungen nicht mehr bedienen kann. Der Gläubiger hat den Vorteil, daß sämtliche Bankguthaben des Schuldners, also auch Sparbücher, Wertpapiere oder auch bei entsprechender Antragstellung der Inhalt von Bankschließfächern von der Pfändung erfaßt sind und demzufolge dem Gläubiger eine gute Zugriffsmöglichkeit bieten.

Der Schuldner hat in diesen Fällen letztlich nur die Möglichkeit, einen Antrag nach § 850 k ZPO zu stellen. Danach werden Einkünfte aus Lohn- und Gehaltszahlungen auf einem Konto des Schuldners bei einer Bank so behandelt, als wenn eine direkte Lohnpfändung ausgebracht worden wäre. Allerdings wird der Pfändungsschutz nur auf Antrag des Schuldners vom Vollstreckungsgericht insoweit aufgehoben, als das Guthaben dem der Pfändung nicht unterworfenen Teil der Einkünfte für die Zeit von der Pfändung bis zum nächsten Zahlungstermin entspricht.

Das Vollstreckungsgericht kann auf Antrag die Pfändung für denjenigen Teil vorab aufheben, den der Schuldner bis zum nächsten Zahlungstermin unbedingt benötigt, um den notwendigen Unterhalt zu bestreiten und gesetzlichen Unterhaltspflichten zu genügen. Hier ist wesentlich, daß der

Schuldner glaubhaft zu machen hat, daß wiederkehrende Einkünfte aus Arbeitseinkommen auf das Konto überwiesen worden sind.

WICHTIGER HINWEIS!

Der eine oder andere Schuldner versucht bei einer Kontenpfändung der Pfändung zu entgehen, indem er seinen Arbeitgeber bittet, sein Gehalt oder seinen Lohn auf ein anderes Konto, meistens dasjenige der Ehefrau oder eines anderen Verwandten, zu überweisen. Gegebenenfalls wird dem Arbeitgeber nicht einmal mitgeteilt, daß die Kontenänderung der Vollstreckungsvereitelung dienen soll.
Dies ist für den Arbeitgeber sicherlich auch ganz angenehm, denn würde der Arbeitgeber sich auf ein solches Ansinnen einlassen, könnte er sich der Beihilfe zu einer strafbaren Handlung schuldig machen. § 228 des Strafgesetzbuches schreibt nämlich vor, daß derjenige, der bei einer ihm drohenden Zwangsvollstreckung in der Absicht, die Befriedigung des Gläubigers zu vereiteln, Bestandteile seines Vermögens veräußert oder beiseite schafft, mit Freiheitsstrafen bis zu 2 Jahren oder mit Geldstrafe bestraft wird.

Der Umstand, daß Lohn oder Gehalt auf ein anderes Konto „umgeleitet" wird, erfüllt den Tatbestand des § 288 StGB. Der Arbeitgeber macht sich der Beihilfe zu dieser Straftat schuldig, wenn er weiß, daß die Umleitung des Gehaltes der Zwangsvollstreckungsvereitelung dient. Gleiches gilt für diejenigen Personen, die ihr Konto zur Verfügung stellen, um das Gehalt vor dem Gläubiger vor Zugriff zu „sichern".
Es sollte sich jeder Schuldner genau überlegen, ob er sich insoweit einer möglichen Strafverfolgung aussetzen will. An dieser Stelle sei auch darauf hingewiesen, daß Strafbarkeit wegen Verstrickungsbruches gemäß § 136 StGB möglich ist.

TIP: Das Beiseiteschaffen oder Umlenken von gepfändeten Geldern, insbesondere Lohn oder Gehalt, kann als Zwangsvollstreckungsvereitelung strafbar sein!

3. Zwangsräumung der Wohnung

Es ist erschreckend, in welch einer Anzahl Mietverträge fristlos wegen Zahlungsverzug gekündigt werden müssen und nach den anschließenden Räumungsklagen aus dem oft ergehenden Versäumnisurteil die Zwangsräumung einer Wohnung betrieben werden muß.

Hier beginnt bekanntlich ein Teufelskreis, weil ohne Wohnung eine Arbeitsstelle nicht zu finden oder zu behalten ist und ohne Arbeitsstelle wiederum eine normale Wohnung nicht beschafft werden kann. Üblicherweise verlangen die Vermieter nämlich selbst Auskünfte und vermieten ihre Wohnungen natürlich nur dann, wenn der geforderte Mietzins auch bezahlt werden kann und dies aufgrund einer beruflichen Tätigkeit sichergestellt ist.

Daher ist es in finanziellen Notlagen ganz wesentlich, auf jeden Fall den Wohnraum zu erhalten. Auch hier hilft oft ein offenes Gespräch mit dem Vermieter weiter, welcher beispielsweise den Mietzins für ein oder zwei Monate stunden kann oder unter Umständen sogar mit der Zahlung eines geringen Mietzinses einverstanden ist.

Fatal sind allerdings die Folgen, wenn ohne jede Begründung plötzlich Mietzahlungen nicht mehr erfolgen. Manche Vermieter machen sich dann die Mühe und fragen beim Mieter nach, weshalb die Zahlung nicht eingegangen ist. Dies ist dann regelmäßig die letzte Möglichkeit, eine offene und faire Lösung mit dem Vermieter herbeizuführen. Verschweigt man bei einem solchen Gespräch nämlich die finanzielle Notlage und verweist auf den „üblichen Fehler bei der Bank", führt diese falsche Information unweigerlich zu erheblicher Verärgerung bei dem Vermieter, wenn im folgenden Monat die Mietzahlung ebenfalls nicht eingeht.

TIP: Bei Zahlungsschwierigkeiten immer sofort den Vermieter ehrlich und umfassend informieren! Mietzahlungen haben absoluten Vorrang!

Kann die Miete aus eigenen Mitteln nicht mehr aufgebracht werden, ist es unbedingt erforderlich, sofort mit öffentlichen Stellen Kontakt aufzunehmen. In vielen Fällen kann das Wohngeldamt bzw. auch das Sozialamt durch Hilfe in der besonderen Lebenslage unterstützend eingreifen.

Beispielsweise kann vom Sozialamt ein zweckgebundenes Darlehen zum Ausgleich von Mietrückständen erhalten werden. Die Sozialämter sind in solchen Fällen eher geneigt, im Vorfeld einer drohenden Kündigung oder Räumungsklage helfend einzuspringen, als nach einer durchgeführten Zwangsräumung letztlich den Wohnungsinhaber und gegebenenfalls dessen ganze Familie jahrelang als Sozialfall betreuen zu müssen. Auch hier gilt:

TIP: Bei drohendem Wohnungsverlust sofort Kontakt mit dem Sozialamt aufnehmen!

Selbstverständlich ist das Sozialamt nicht bereit und auch nicht verpflichtet, in allen Fällen die rückständigen Mieten auszugleichen. Der Mieter darf sich auch nicht der Illusion hingeben, das Sozialamt werde schon ohne sein eigenes Zutun die Angelegenheit regeln. Hier ist der Mieter als Schuldner wegen eigener Initiative und Mithilfe besonders gefragt.

Beispielsweise wird in geeigneten Fällen der Umzug in eine kleinere oder billigere Wohnung eine effektive Lösung darstellen. In vielen Fällen können städtische Siedlungsgesellschaften zu preiswertem Wohnraum verhelfen, dies allerdings regelmäßig nur dann, wenn rechtzeitig vom Mieter reagiert wird.

Was aber ist zu tun, wenn der Vermieter wegen Zahlungsverzuges von mehr als zwei Monatsmieten kündigt? Abgesehen davon, daß eine gütliche Regelung und eine Mietzahlung durch beispielsweise das Sozialamt angestrebt werden sollte, ist die Kündigung des Vermieters auf ihre Wirksamkeit hin zu prüfen. Beispielsweise muß diese Kündigung von allen Vermietern gleichzeitig an alle Mieter (Mietvertrag lesen!) ausgesprochen werden. Wenn der Vermieter sich vertreten läßt, beispielsweise durch einen Rechtsanwalt, muß den Kündigungen eine besondere Originalvollmacht beigefügt sein, die sich auf die Kündigungserklärung ausdrücklich bezieht. Genügt eine fristlose Kündigung diesen formalen Anforderungen nicht, ist sie unwirksam und kann vom Mieter zurückgewiesen werden.

Auch hier sei betont, daß dies nicht von der Verpflichtung zur Zahlung des Mietzinses befreit. Die Kündigung kann außerdem jederzeit formgerecht nachgeholt und wiederholt werden.

Besteht trotz aller Bemühungen um eine einvernehmliche Regelung oder die Beschaffung von Geldmitteln von dritter Seite keine Möglichkeit, den Zahlungsrückstand zu beseitigen, kann der Schuldner nur noch Schadensbegrenzung betreiben. Die effektivste und preiswerteste Möglichkeit, den Schaden auf die bisher geschuldeten Mieten zu begrenzen, besteht darin, die Wohnung schnellstmöglich zu räumen und ordnungsgemäß an den Hauseigentümer herauszugeben.

Dies funktioniert natürlich nur dann, wenn eine andere Wohnung beschafft werden konnte, was im Hinblick auf die finanziellen Schwierigkeiten sicher nicht einfach sein wird. Sollte eine Räumungsklage zugestellt werden, verursacht es lediglich weitere vermeidbare Kosten, wenn der Versuch unternommen wird, den Rechtsstreit durch entsprechendes Taktieren und entsprechenden Vortrag zu verschleppen. Im Ergebnis wird nämlich dennoch ein dem Räumungsantrag stattgebendes Urteil erlassen werden.

Allerdings hat der Schuldner durchaus die Möglichkeit, Vollstreckungsschutzanträge zu stellen, um nicht aus der bisherigen Wohnung zwangsweise herausgesetzt zu werden und dann anschließend einige Wochen in einer Notunterkunft verbringen zu müssen, bis eine möglicherweise schon vorhandene neue Wohnung bezogen werden kann.
In diesen Fällen spricht das Gericht, bei dem die Räumungsklage anhängig ist, gegebenenfalls dem Schuldner bestimmte Räumungsfristen zu. Über eine Räumungsfrist ist an sich nach § 308 a ZPO auch von amts wegen zu entscheiden, wobei es aber vorteilhafter vorsorglich eine Räumungsfrist zu beantragen. Denn dadurch kann unter Umständen auch ein Antrag auf Ergänzung des Urteils gemäß dem § 721 Abs. 1 Satz 2, 321 ZPO vermieden werden.

Wenn außergerichtlich unter Angabe von vernünftigen Gründen vom Vermieter verlangt worden ist, eine Räumungsfrist einzuräumen und dieser reicht dennoch sofort eine Räumungsklage ein - was er natürlich darf - ist wiederum hohe Aufmerksamkeit gefordert. Denn wenn beispielsweise in absehbarer Zeit eine neue Wohnung zur Verfügung steht, empfiehlt es sich, den Klageanspruch sofort anzuerkennen und dies dem Gericht schriftlich mitzuteilen. In dem gleichen Schreiben sollte dann aber auch eine Räumungsfrist beantragt werden, die regelmäßig zugesprochen wird.

Der Vorteil einer solchen Vorgehensweise ist, daß bei einem sofortigen Anerkenntnis des Räumungsanspruches durch den Mieter dieser von den Kosten des Rechtsstreites entlastet wird. Die Kosten hat dann gegebenenfalls der Vermieter in voller Höhe zu tragen.
Gegenüber der üblichen Verhaltensweise eines säumigen Mieters, nämlich den Kopf in den Sand zu stecken und abzuwarten, bis ein Versäumnisurteil ergangen und rechtskräftig ist und die Zwangsräumung droht bzw. durchgeführt wird, hat ein offensives und vernünftiges Verhalten eines Mieters mit erheblichen Mietschulden den Vorteil, daß Kosten in ganz erheblicher Höhe eingespart werden können, die beispielsweise dann für Investitionen in der neuen Wohnung verwendet werden können oder einfach den Schuldenberg vermindern.

Bei einer Wohnung mit einem Kaltmietzins von 700,00 DM müßte ein säumiger Mieter im Falle eines Versäumnisurteiles an das Gericht 660,00 DM und an den Anwalt des Vermieters 986,00 DM zahlen. Der Betrag von 1.646,00 DM reicht normalerweise aus, um die Kaution für eine neue Wohnung zu bezahlen. Hier kostet ungeschicktes Verhalten sehr viel Geld. Bei der Entscheidung über die Räumungsfristen sind die Vermieter und Mieterinteressen vom Gericht zu prüfen.

Die Räumungsfrist beträgt insgesamt höchstens ein Jahr und beginnt, falls nicht anders festgelegt, mit der Zustellung oder Verkündung der entsprechenden Entscheidung des Gerichts. Eine einmal bewilligte Räumungsfrist kann nicht widerrufen werden, kann aber auch auf Antrag des Mieters verlängert werden. Jedoch, wie bereits gesagt, nicht auf länger als ein Jahr.

Ein Schreiben des Mieters an das Gericht, welches die Räumungsklage zugestellt hat, könnte bei Anerkennung des Räumungsanspruches und der Notwendigkeit einer Räumungsfrist wie folgt lauten:

Susi Sorglos
Hoffnungstraße 7

00000 Freistadt

A m t s g e r i c h t
Freistadt
Straße der Gerechtigkeit 1

00000 Freistadt

- 1 C 123/99 -

In Sachen

Paul Eigen g e g e n Susi Sorglos

Melde ich mich auf die Verfügung des Gerichtes und werde den Klageanspruch auf Räumung

Anerkennen.

Ich werde aber

b e a n t r a g e n

mir eine in dem Ermessen des Gerichtes stehende Räumungsfrist zu gewähren und dem Kläger die Kosten des Rechtsstreites aufzuerlegen.

Zur B e g r ü n d u n g

gebe ich an, daß ich schon vor Klageerhebung durch den Kläger die Wirksamkeit der von diesem ausgesprochenen Kündigung nicht bestritten habe. Ich habe jedoch den Kläger vergeblich aufgefordert, mir eine ausreichende Räumungsfrist zuzubilligen. In spätestens vier Monaten ist eine Wohnung im Hause meiner Eltern, die zur Zeit noch von zwei Studenten bewohnt wird, frei. Ich kann diese Wohnung von meinen Eltern günstig anmieten, was mir im Hinblick auf meine finanzielle Situation zugute kommt. Meinen Vortrag belege ich durch die beigefügte Bestätigung meiner Eltern.

Bei dieser Sachlage ist ein Umzug mir nicht zumutbar, weil ich erhebliche Kosten für einen zweifachen Umzug zu tragen hätte. Außerdem ist Wohnraum für einen so kurzen Zeitraum nicht zu beschaffe und es fallen bei einem Auszug wieder Renovierungskosten an. Dieses ist gerichtsbekannt.

Die Zahlung der Miete während der Räumungsfrist ist durch ein Darlehen des Sozialamtes in Freistadt gesichert. Dies beweise ich durch die beigefügte Bestätigung des Sozialamtes.

Nachdem der Kläger trotz entsprechender Informationen und trotz meiner Bitte, mir eine Räumungsfrist nicht zugebilligt hat, muß er die Kosten des unnötigen Rechtsstreites tragen.

Mit freundlichen Grüßen

Susi Sorglos

Wenn das Gericht ausnahmsweise durch Anerkenntnisurteil entscheidet und eine Räumungsfrist nicht bewilligt, muß der schuldnerische Mieter einen Antrag auf Ergänzung des Urteils bezüglich einer Räumungsfrist bestellen. Dieser könnte etwa wie folgt lauten:

```
Susi Sorglos
Hoffnungstraße 7

00000 Freistadt



A m t s g e r i c h t
Freistadt
Straße der Gerechtigkeit 1

00000 Freistadt


- 1 C 123/99 -


                              In Sachen

Paul Eigen                    g e g e n                 Susi Sorglos


wurde mir das Urteil des Amtsgerichtes Freistadt vom 14.01.1999
am 20.01.1999 zugestellt. Im Urteil wurde aber der von mir
gestellte Antrag auf Bewilligung einer Räumungsfrist nicht
beachtet. Ich stelle daher den Antrag, mir durch Ergänzungsurteil
eine Räumungsfrist bis zum 30. Mai 1999 zu gewähren.

Gleichzeitig stelle ich den A n t r a g,
                              Die mögliche Zwangsvollstreckung aus
                              dem Urteil einstweilen einzustellen.


Mit freundlichen Grüßen

Susi Sorglos
```

Kommen ganz besondere unvorhergesehene Umstände zum Tragen, kann ein Antrag des Mieters auf Verlängerung der Räumungsfrist gestellt werden. Ein solcher Antrag kann gegebenenfalls auch wiederholt werden. Er könnte so lauten:

Susi Sorglos
Hoffnungstraße 7

00000 Freistadt

A m t s g e r i c h t
Freistadt
Straße der Gerechtigkeit 1

00000 Freistadt

- 1 C 123/99 -

In Sachen

Paul Eigen g e g e n Susi Sorglos

wurde mir durch das Gericht eine Räumungsfrist bis zum 30.05.1999 gewährt. Es hat sich jedoch zwischenzeitlich herausgestellt, daß ich die Wohnung nicht bis Ende Mai 1999 beziehen kann. Denn aufgrund eines Brandes in der Küche dieser Wohnung (eine Friteuse hatte Feuer gefangen) sind erhebliche Rauchschäden in der Wohnung und auch anderen Räumen des Hauses entstanden. Die Wohnung muß von Grund auf renoviert werden, was nicht bis zum 30.05.1999 möglich sein wird. Nach dem beigefügten Angebot des Sanierungsunternehmens „Fix und Fertig GmbH" werden die Arbeiten aber bis zum 20. Juni 1999 beendet sein. Erst danach kann ich in die Wohnung im Hause meiner Eltern einziehen. Ich stelle daher den Antrag, die Räumungsfrist bis zum 30.06.1999 zu verlängern.

Mit freundlichen Grüßen

Susi Sorglos

Bei veränderten Umständen - beispielsweise wenn der Mieter eine ihm vom Sozialamt angebotene Ersatzwohnung nicht annimmt - kann der Vermieter seinerseits umgekehrt Antrag auf Verkürzung von bewilligten Räumungsfristen stellen. Dies ist aber selten. Außerdem ist zu beachten, daß der Vermieter sich zu Recht nachdrücklich gegen die Bewilligung von Räumungsfristen wehren wird, wenn die Zahlung der laufenden Miete nicht sichergestellt ist. Dies ist aber in der Regel nur dann der Fall, wenn von dritter Seite - beispielsweise dem Sozialamt - Hilfestellung geleistet wird. Die notwendigen Absprachen müssen daher rechtzeitig getroffen werden. Hierauf ist ganz zu Anfang schon hingewiesen worden.

Fehler und Nachlässigkeiten, die bei Beginn der Zahlungsschwierigkeiten begangen worden sind, rächen sich spätestens in diesem Stadium des Verfahrens, denn kein Gericht kann Räumungsfristen bewilligen, wenn die Vermieterinteressen - die zunächst auf Zahlung des laufenden Mietzinses gerichtet sind - keine Berücksichtigung finden.

Was aber geschieht, wenn der zahlungssäumige Mieter entweder durch fehlerhaftes Verhalten ein Versäumnisurteil oder ein ihn zur Räumung verpflichtendes streitiges Urteil gegen sich hat und alle Räumungsfristen abgelaufen sind? Auch dann besteht noch die Möglichkeit, den Schaden zumindest in finanzieller Hinsicht zu begrenzen.

Hierzu muß man wissen, daß Zwangsräumungen von professionellen Umzugsunternehmen im Auftrag des zuständigen Gerichtsvollziehers abgewickelt werden.

Der Gerichtsvollzieher wohnt der Räumung bei, beaufsichtigt die Räumung und weist den Vermieter nach Abschluß der Räumung wieder in den Besitz der Wohnung ein. Bekanntlich sind die Leistungen von professionellen Umzugsunternehmen recht teuer und die gesetzlich vorgeschriebene Einlagerung von Räumungsgut sowie die anschließende Verwertung durch eine Zwangsversteigerung ist ebenfalls eine teure Angelegenheit.

Die zwangsweise Räumung einer 3-Zimmer-Wohnung kann alles in allem leicht 5.000,00 DM kosten und hat außerdem den Verlust sämtlicher pfändbarer Einrichtungsgegenstände zur Folge. Diese werden nämlich vom Gerichtsvollzieher durch Zwangsversteigerung verwertet (in der Zeitung steht dann: Ein Posten Räumungsgut zu versteigern am...). Der Erlös ist im Vergleich zum Wert der Räumungsgegenstände geradezu lächerlich gering und deckt oft gerade einmal die Kosten der Zwangsversteigerung.

TIP: Vermeiden Sie unter allen Umständen eine zwangsweise Räumung! Räumen Sie bei für Sie negativem Urteil schnellstmöglich und freiwillig!

Die mit Mietzahlungen rückständigen Mieter fragen in solchen Situationen regelmäßig, wo sie denn bleiben sollten. Antwort hierauf gibt in der Regel das Sozialamt der Gemeinde, in der die streitbefangene Wohnung sich befindet bzw. die ebenfalls bei der Gemeinde angesiedelte Obdachlosenbehörde.

Eine Zwangsräumung kommt auch keineswegs so überraschend, wie manche säumige Mieter immer wieder vortragen. Denn zwischen dem Räumungsauftrag, den der Vermieter an den zuständigen Gerichtsvollzieher erteilt und der Zwangsräumung liegen mehrere Wochen.

Über den Termin der Zwangsräumung wird der Mieter immer vorher durch den Gerichtsvollzieher informiert, wobei der Gerichtsvollzieher gleichzeitig die Obdachlosenbehörde und das Sozialamt der zuständigen Gemeinde benachrichtigt. Diese Behörden versuchen dann ihrerseits, Kontakt mit dem Räumungsschuldner aufzunehmen, um eine Zwangsräumung zu vermeiden und bieten fast immer eine geeignete Ersatzwohnung an.

Es ist nicht nachvollziehbar, weshalb die Mehrzahl der von einer Zwangsräumung bedrohten Mieter diese Angebote nicht wahrnehmen, sich um nichts kümmern und den Termin der zwangsweisen Räumung abwarten. Der Effekt dieses Verhaltens ist, daß vermeidbare Kosten in Höhe von mehreren tausend

DM entstehen und der Mieter mit seiner Familie am Schluß dann doch eine Sozialwohnung bezieht. Oftmals ist es sogar so, daß im Einverständnis mit dem Vermieter - der gegebenenfalls ein Vermieterpfandrecht an den eingebrachten Sachen geltend machen kann - die gesamte Wohnungseinrichtung in die neue Wohnung gefahren wird und dort von dem Umzugsunternehmen abgeladen wird.

Es gibt auch eine Anzahl von Fällen, in denen der säumige Mieter tatsächlich eine eigene Wohnung gefunden hat und keine Mitteilung an den Gerichtsvollzieher gemacht hat. Dann ist entweder die Wohnung leer und es entstehen Bereitstellungskosten in Höhe von vielen hundert DM für das Speditionsunternehmen oder der Räumungsschuldner erklärt lapidar, man möge die zwangsweise geräumten Möbel in seine neue Wohnung transportieren.

Dabei wird übersehen, daß der Schuldenberg durch jede externe Dienstleistung - also auch den „zwangsweisen" Umzug - erheblich anwächst. Bei einem solchen Verhalten des Räumungsschuldners kann dieser kein Entgegenkommen des Vermieters bei der nachfolgenden Zwangsvollstreckung wegen der Räumungskosten erwarten. Es ist daher absolut unzweckmäßig, sich der falschen Meinung hinzugeben, der ehemalige Vermieter könne und werde schließlich den Umzug ja auch bezahlen.

Welche Kosten eine zwangsweise Räumung verursacht, zeigt folgende Zusammenstellung, die von einem Kaltmietzins für die zwangszuräumende Wohnung von 700,00 DM ausgeht und keinen Anspruch auf Vollständigkeit erhebt:

1. Gerichts- und Anwaltskosten für das Erwirken eines Versäumnisurteiles	1.646,00 DM
2. Räumungskosten mindestens	3.000,00 DM
3. Rechtsanwaltskosten für die Erteilung des Räumungsauftrages	195,00 DM
4. Bis zum Räumungstermin gegebenenfalls nicht gezahlte Kaltmiete 9 Monate zu je 700,00 DM	6.400,00 DM
5. Renovierungskosten für eine 3-Zimmer-Wohnung mindestens	3.000,00 DM
6. Schadenersatz für den Zeitraum bis zur Neuvermietung nach der Zwangsräumung 2 Monate zu je 700,00 DM	1.400,00 DM
Gesamt	15.641,00 DM

Jeder Räumungsschuldner muß sich im klaren darüber sein, daß Nichtstun und eine gleichgültige Haltung seine finanziellen Schwierigkeiten erheblich verstärkt.
Alleine aus einem Räumungsverfahren sind wie oben dargelegt innerhalb weniger Monate Kosten vom Schuldner in Höhe von etwa 15.000,00 DM zu tragen. Nicht eingerechnet sind diejenigen Kosten, die aus der weiteren Zwangsvollstreckung resultieren. Es lohnt sich also immer, eine möglichst einvernehmliche Regelung herbeizuführen.

An dieser Stelle muß auf eine Notlösung hingewiesen werden, die immer mehr Vermieter im Hinblick auf den sich monatlich vergrößernden Schaden akzeptieren, denn oft haben die Vermieter keine Chance, innerhalb eines vertretbaren Zeitraumes, die von ihnen immer vorzulegenden Kosten einer Räumungssache durch eine Zwangsvollstreckung beizutreiben. Daher wird gelegentlich sogar an den Mieter, der mittellos ist, eine „Umzugsbeihilfe" gezahlt, wenn dieser nur schnell und ohne Zwangsräumung das streitgegenständliche Objekt räumt.

Diese Regelung ist sicherlich nicht im Sinne des Gesetzgebers und verletzt letztlich auch die Grundsätze eines gerechten Interessenausgleiches.

Dennoch nehmen verschiedene Vermieter die Nachteile einer sogenannten „kaufmännischen Lösung" in Kauf, um den sich abzeichnenden Schaden zu begrenzen. Auch hier gilt: Die Absprache mit dem Vermieter ist immer erforderlich und führt letztlich zu weitaus besseren Ergebnissen als das Abwarten und Verdrängen.

Es sei aber davor gewarnt, in diese Regelung zu große Hoffnungen zu setzen, denn wenn beim Vermieter der Eindruck entsteht, daß der Mieter vorsätzlich oder bewußt zum Nachteil des Vermieters handelt, wird eine einvernehmliche Lösung nicht möglich sein. Lediglich in den Fällen, in denen die Notlage beim Mieter unverschuldet - beispielsweise durch nicht vorhersehbaren Arbeitsplatzverlust oder Krankheit - eingetreten ist, wird der Vermieter einer solchen Regelung rein aus finanziellen Gründen zustimmen.
Ein solcher Räumungsvergleich kann auch bei einer eingereichten Räumungsklage in dem Gerichtsverfahren selbst geschlossen werden oder besser noch, bei absehbaren und letztlich nicht schnell behebbaren Zahlungsschwierigkeiten vor Ausspruch der Kündigung mit dem Vermieter vereinbart werden. In diesen Fällen empfiehlt sich aber die Einholung von Rechtsrat, damit ein solcher Vergleich auch zu einer endgültigen Regelung führt. Gelegentlich bezeichnet der Vermieter einen finanzielle Unterstützung des Mieters zum Umzug auch als Darlehen. Dieses ist dann natürlich zurückzuzahlen, erleichtert aber einen Umzug und vermeidet letztlich immens hohe Kosten für den Schuldner.

WICHTIGER HINWEIS!

Räumungsurteile sind gleich welcher Art sofort vollstreckbar. Gegebenenfalls muß der Vermieter, der ein Räumungsurteil erstritten hat, Sicherheit leisten, was er in der Regel aber tun wird. Die weit verbreitete Auffassung, daß man durch prozeßtaktische „Spielchen" wie beispielsweise die Einlegung einer Berufung Zeit gewinnen könnte, ist daher grundsätzlich falsch und führt nur zu höheren Kosten, die der Schuldner zusätzlich zu tragen hat.

Das vorstehend Gesagte gilt natürlich nur in den Fällen, in denen der Mieter nicht in der Lage oder nicht willens war, die Miete zu bezahlen. Sollte dem Mieter ein Recht zur Mietminderung, beispielsweise wegen Schäden der Mietsache oder einer Beeinträchtigung der Gebrauchsfähigkeit des Mietraumes zustehen, muß auch hierüber eine Entscheidung getroffen werden.

Nicht immer sind die Behauptungen eines Vermieters hinsichtlich eines Zahlungsrückstandes auch tatsächlich zutreffend und rechtlich haltbar. In diesen Fällen wird der Mieter aber in einem

Rechtsstreit ohne anwaltliche Vertretung erhebliche Schwierigkeiten haben, seinen Anspruch darzulegen und gegebenenfalls ein Räumungsurteil zu verhindern.

In solchen Fällen ist die Einholung von professionellem Rat sicherlich angezeigt und bei berechtigten Einwendungen des Mieters auch zu empfehlen. Ein korrekter Vermieter wird aber berechtigten Mängelrügen des Mieters immer nachgehen und eventuelle Mängel an der Mietsache beseitigen.

Die Hilfe von „Mietervereinen" wie auch immer sie sich nennen, kann vorteilhaft sein, wenn eine außergerichtliche Regelung angestrebt wird.

Es ist aber festzustellen, daß der eine oder andere „Mieterverein" geradezu ein „Feindbild" hinsichtlich der Vermieterseite pflegt. Daher wirken Schreiben von „Mietervereinen" - oft provozierend formuliert - geradezu als „rotes Tuch" für den Vermieter.
Im übrigen kostet die Mitgliedschaft bei einem solchen Verein - vermeidbare - Beitragszahlungen und im Streitfall wird man sowieso an den „Vertragsanwalt" des Vereins verwiesen und muß die gesetzlichen Anwaltsgebühren zahlen. Dann kann man bei der Rechtsanwaltskammer auch gleich einen für Mietsachen spezialisierten Rechtsanwalt erfragen und mit der Vertretung beauftragen.

4. Lohnpfändung

In vielen Fällen wird der Gläubiger versuchen, direkt bei dem ihm bekannten Arbeitgeber den Lohn oder das Gehalt des Schuldners zu pfänden. Abgesehen davon, daß eine solche Pfändung bei dem Arbeitgeber erhebliche Mehrarbeit veranlaßt, führt eine solche Vorgehensweise gelegentlich zu einer vom Schuldner nicht gewünschten „Bloßstellung". Dies wird vom Gläubiger umgekehrt auch manchmal einkalkuliert, um den „Vollstreckungsdruck" auf den Schuldner zu erhöhen.

Allerdings ist die Pfändung von Lohn, Gehalt oder sonstigem Arbeitseinkommen nicht unbeschränkt möglich. Die pfändbaren Beträge ergeben sich aus einer sogenannten Pfändungstabelle, vgl. Seite 135ff. Aus dieser Tabelle ist abzulesen, welche Beträge der Arbeitgeber vom Nettolohn des Arbeitsnehmers einzubehalten und an den Gläubiger abzuführens hat. Von der Pfändung sind alle Einkommen grundsätzlich erfaßt, also auch Zulagen, Überstundenvergütungen oder Weihnachts- und Urlaubsgeld. Für diese Zahlungen gelten aber besondere Vorschriften, die nur eine teilweise Pfändung zulassen.

Insbesondere in kleinen Unternehmen wird vom Arbeitnehmer immer wieder der Versuch unternommen, seinen Arbeitgeber dahingehend zu beeinflussen, daß Teile seines Gehaltes der Pfändung entzogen werden. Die Schuldner verlangen dann vom Arbeitgeber beispielsweise das Weihnachtsgeld bar auszuzahlen oder das Gehalt durch eine Änderungskündigung so zu senken, daß ein pfändungsfreier Betrag nicht mehr verbleibt. Die Differenz soll dann im Wege einer „geringfügigen Beschäftigung" an die Ehefrau ausgezahlt werden.

Abgesehen davon, daß dieses Verhalten für alle Beteiligten als Vollstreckungsvereitelung strafbar ist, führt es darüber hinaus zu einer Schadenersatzpflicht des Arbeitgebers gegenüber dem Gläubiger und zerstört außerdem das gegebenenfalls bestehende Vertrauensverhältnis zwischen Arbeitgeber und Mitarbeiter, denn es läßt sich kein Arbeitgeber gefallen, wenn er zu rechtswidrigem Verhalten aufgefordert oder auch nur darum gebeten wird.

Ein solches Verhalten kann durchaus auch arbeitsrechtliche Konsequenzen haben.

In den Fällen, in denen der Arbeitgeber feststellt, daß an den Gläubiger aufgrund des Pfändungs- und Überweisungsbeschlusses bestimmte Beträge des Nettoeinkommens abzuführen sind, kann dies zu einer plötzlichen und gegebenenfalls ungerechten Schmälerung des Einkommens führen. Dies ist insbesondere der Fall, wenn aus Gründen in der Person des Schuldners die Regelsätze des Gesetzes (vgl. § 850 c ZPO) zu ungerechten Ergebnissen führen würden.

In diesen Fällen kann der Schuldner beantragen, daß der Pfandfreibetrag erhöht wird. Ein solcher Schuldnerantrag wird auf der folgenden Seite beispielhaft dargestellt.

Susi Sorglos
Hoffnungstraße 7

00000 Freistadt

A m t s g e r i c h t
Freistadt
Straße der Gerechtigkeit 1

00000 Freistadt

Zwangsvollstreckungssache Galactic Bank gegen Susi Sorglos

Sehr geehrte Damen und Herren,

durch den Beschluß des Gerichtes mit dem Aktenzeichen 1 M 1234/99 wurde der mir zu zahlende Lohn gepfändet. Dies führt dazu, daß ich die in meiner persönlichen Situation liegenden Kosten nicht mehr aufbringen kann und dadurch über Gebühr benachteiligt bin.

Ich bin seit meiner Jugendzeit an Diabetis erkrant und darauf angewiesen, neben einer medikamentösen Behandlung strengste Diät zu halten. Hierfür müssen besondere Lebensmittel angeschafft werden. Dies bestätigt das beigefügte Attest des behandelnden Arztes Dr. Klug in Freistadt.

Für diese Diätkosten muß ich monatlich einen Betrag von ca. 200,00 DM aufwenden. Dies belege ich durch die beigefügte Aufstellung meiner Kosten im vergangenen Monat. Es wird deutlich, daß ich weitaus höhere kosten aufwenden muß als derjenige, der keine Diät benötigt. Von dritter Seite und der Krankenkasse erhalte ich zu den erhöhten Diätkosten einen Zuschuß von 100,00 DM. Dies wird durch die beigefügte Bescheinigung meiner Krankenkasse bestätigt.

Der pfändungsfreie Betrag, der mir nach Lohnpfändung bleibt, ist daher nicht ausreichend und muß an meine persönlichen Bedürfnisse angepaßt und heraufgesetzt werden.

Nach der beigefügten amtlichen Auskunft des Sozialamtes wäre nach dem Bundessozialhilfegesetz bei der Bemessung des Regelsatzes für

Gefährlich ist es, wenn dem Gläubiger bekannt ist, wo der Schuldner sich tatsächlich aufhält und der Gerichtsvollzieher von den Möglichkeiten der Ersatzzustellung gemäß §181, 182 ZPO Gebrauch macht. Diese Ersatzzustellungen sind wirksam und lösen kurze Fristen aus! In manchen Fällen verursacht der Schuldner durch die vermeintlich erfolgreiche Verschleierung seiner Anschrift einen erheblichen Schaden zum eigenen Nachteil.

Im übrigen gibt es eine derartige Anzahl von Möglichkeiten, neue Anschriften in Erfahrung zu bringen, daß keinem Schuldner geraten werden kann, sich dieses „Hilfsmittels" zu bedienen. Denn durch einfaches Nachfragen beim Arbeitgeber, beim Arbeitsamt, Renten- oder Besoldungsstellen, Bausparkassen, Lebensversicherung, Vermieter, anderen Gläubiger, Verwandten, Vereinsmitglieder oder bei der Kfz.-Zulassungsstelle kann der Aufenthaltsort des Schuldners sicher ermittelt werden.

Der Schuldner darf auch nicht übersehen, daß eine allgemeine Meldepflicht besteht und daß jeder Verstoß zu einer Ordnungswidrigkeit gemäß den landesrechtlichen Meldegesetzen führt und dementsprechend geahndet werden kann.

Manche Schuldner versuchen aktiv, ihr Vermögen zu schmälern. Solche Rechtshandlungen sind (im Sinne der §§ 1, 3 ff.

Anfechtungsgesetz) ebenso wie gleichgerichtete Unterlassungen anfechtbar. Bei diesen Handlungen oder Unterlassungen, die zu einem Ausscheiden eines Vermögensgegenstandes führen, handelt es sich beispielsweise um folgende Vorgänge:

a) Sicherungsübereignung eines Kraftfahrzeuges oder anderer Wertgegenstände oder die unbeschränkte Übereignung

b) Abtretung von Forderungen und anderen Rechten oder der Vertrag zugunsten Dritter (beispielsweise kauft der Schuldner eine goldene Uhr, verlangt aber die Übereignung nicht an sich, sondern an einen Strohmann)

c) der Schuldner leistet auf eine fremde Schuld, bezahlt beispielsweise der Freundin die Miete, obwohl der Schuldner zu einer solchen Leistung nicht verpflichtet ist

d) der Schuldner übernimmt eine Verpflichtung bzw. eine Schuld, obwohl er hierzu nicht verpflichtet ist, beispielsweise schließt er mit seiner Freundin gemeinsam bei der Bank einen Darlehensvertrag ab

e) Der Schuldner gewährt Dritten ohne Not Sicherheiten, indem er beispielsweise seine goldene Uhr verpfändet oder zugunsten eines Dritten eine Grundschuld auf seinem Grundstück eintragen läßt

f) Der Schuldner verzichtet ohne Not und ohne hierzu verpflichtet zu sein, auf Rechte oder Anwartschaften

g) Der Schuldner verfügt über Nutzungen, die er seinem Vermögen entziehen kann, beispielsweise Zinsen oder schließt einen Vertrag, der nicht ordnungsgemäßer Wirtschaft entspricht. (Beispiel: Er gewährt einem Verwandten ein zinsloses Darlehen, welches üblicherweise nur gegen eine Verzinsung zu erhalten ist).
Diese Handlungen sind anfechtbar und führen dazu, daß das vom Schuldner Gewollte nicht mehr durchgesetzt werden kann.

Hiervon zu unterscheiden sind jedoch solche Handlungen des Schuldners, die nicht anfechtbar sind. Dabei handelt es sich um Handlungen oder Unterlassungen, die lediglich zu einer „Nichtvermehrung" des Schuldnervermögens führen. Diese Handlungen sind deswegen nicht anfechtbar, weil insoweit noch nicht von einem Schuldnervermögen gesprochen werden kann und damit auch kein Ausscheiden aus der Vermögensmasse in Betracht kommt. Als Beispiele seien aufgeführt

a) Erbausschlagung und Erbverzicht oder Ausschlagung des Pflichtteilsanspruches

b) Ablehnen oder Nichtannehmen eines konkreten und günstigen Vertragsangebotes

c) Ablehnung eines Schenkungsangebotes

Besonders „schlaue" Schuldner lassen von nahestehenden Personen Urteile oder Vollstreckungsbescheide gegen die eigene Person erwirken oder wehren sich - obwohl dieses objektiv möglich und aussichtsreich wäre - nicht gegen Klagen, um durch die Urteile und die daran anschließende Vollstreckung einen anderen Gläubiger zu benachteiligen.
Dann gehen diese unredlichen Schuldner so weit und warnen einen nahestehenden Titelinhaber vor der bevorstehenden Zwangsvollstreckung eines anderen Gläubigers, den der Schuldner benachteiligen will und ermöglichen somit den schnelleren und früheren Zugriff des nahestehenden Gläubigers.
Ähnlich handelt der Schuldner, der bei einer Zwangsvollstreckung durch den Gerichtsvollzieher rechtzeitig Wertgegenstände versteckt, um sie anschließend bei einer weiteren Zwangsvollstreckung durch den nahestehenden Gläubiger zu dessen Gunsten pfänden zu lassen.

Alle diese Handlungen sind anfechtbar, und zwar auf zwei Wegen: Der Gläubiger kann zum einen die Anfechtungseinrede und zum anderen Klage auf Rückgewährung erheben. Schafft der Schuldner allein oder im Zusammenwirken mit anderen Personen Vermögen beiseite oder läßt sein Verhalten sonst den Schluß zu, daß er absichtlich Vollstreckungen vereiteln will, so kommen neben der eben dargelegten Gläubigeranfechtung auch Anträge des Gläubigers auf dinglichen oder persönlichen Arrest in Betracht. Gemäß § 917 ZPO kann ein dinglicher Arrest in das Vermögen des Schuldners stattfinden, wenn anzunehmen ist, daß ohne die Verhängung die Vollstreckung eines Urteiles vereitelt oder wesentlich erschwert würde. Entsprechendes gilt für die Verhängung eines persönlichen Arrestes.

Häufig versuchen die Schuldner auch, die Ansprüche des Gläubigers dadurch zu hintertreiben, daß sie mit ihren Arbeitgebern Vereinbarungen dahingehend treffen, einen Teil oder gar das ganze Arbeitseinkommen an einen Dritten auszuzahlen. Bei diesen Drittberechtigten handelt es sich meistens um Angehörige des Schuldners, so daß für den Schuldner sichergestellt ist, seinen Arbeitslohn - wenn auch über einen Umweg - tatsächlich zu erhalten.

Diesem Verhalten hat der Gesetzgeber durch § 850 h Abs. 1 Satz 1 Zivilprozeßordnung (ZPO) einen Riegel vorgeschoben. Denn durch diese Vorschrift wird das verschobene Einkommen so behandelt, als wenn der Lohnanspruch dem Schuldner und nicht dem Dritten/Verwandten zustünde.
Ein solches Verhalten ist weniger für den Schuldner als insbesondere für den Arbeitgeber riskant, weil dieser Gefahr läuft, bei einer Pfändung des Arbeitseinkommens des Schuldners

doppelt in Anspruch genommen zu werden. Denn soweit pfändbares Arbeitseinkommen nach der Zustellung des Pfändungs- und Überweisungsbeschlusses an den Drittberechtigten (Verwandten) ausgezahlt wird, sind diese Leistungen dem Gläubiger gegenüber unwirksam, so daß der Drittschuldner erneut in Anspruch genommen werden kann.
Dies bedeutet, daß der Arbeitgeber gegebenenfalls die Zahlungen, die er an den Verwandten geleistet hat, erneut an den Gläubiger zahlen muß.
Die gesetzlichen Regelungen sind absolut eindeutig und im Interesse des Gläubigerschutzes ist diese Vorschrift der Zivilprozeßordnung auch sehr weit gefaßt.

Andere Schuldner versuchen, durch Aufgabe der früheren Tätigkeit, Übergabe des Betriebes an Dritte (bevorzugt den Ehegatten oder die Kinder) nach außen hin den Anschein einer geringfügigen Beschäftigung oder den Anschein von Arbeitslosigkeit zu vermitteln. Tatsächlich arbeiten diese Schuldner aber voll weiter.
In diesen Fällen bewirkt eine Lohnpfändung, daß der Arbeitgeber - gegebenenfalls der Ehemann oder die Kinder - sich so behandeln lassen muß, als wenn der Tariflohn bezahlt werden würde. § 850 a Abs. 2 ZPO bestimmt in diesen Fällen, daß im Verhältnis Gläubiger - Arbeitgeber eine angemessene Vergütung als geschuldet gilt. Als Anhaltspunkt hierfür dient der Tariflohn.

Zusammenfassend ist festzuhalten, daß sämtliches Taktieren oder Verschleiern des Schuldners in der Regel nur dazu führt, daß ein wenig Zeit geschunden wird, andererseits aber durch konsequente Vollstreckungsmaßnahmen des Gläubigers erhebliche Kosten auflaufen, die immer der Schuldner zu tragen hat.
Aus diesem Grunde wäre der Aufwand, den der Schuldner zur Verschleierung oder zum Untertauchen betreibt, zweckmäßiger eingesetzt, wenn er zur Beschaffung von Geldmitteln und damit wenigstens teilweise zur Befriedigung der Gläubigeransprüche führen würde.

Unabhängig von diesem wirtschaftlichen Unsinn muß jeder Schuldner damit rechnen, daß sein Taktieren beispielsweise dem Arbeitgeber oder einem nahen Verwandten, der für die Zwecke des Schuldners „eingespannt wurde", zumindest finanziellen Schaden zufügt, unter Umständen aber auch diesen „Helfer" einer Strafverfolgung aussetzt.

Genau an diesem Punkt setzen gelegentlich frustrierte Gläubiger an und ziehen dann vom Schuldner für zuverlässig gehaltene Personen mit den verschiedensten Mitteln auf die Gläubigerseite.
Mit den dann zu gewinnenden Informationen hat der Gläubiger alle Möglichkeiten, nachdrücklich gegen den Schuldner zu vollstrecken.

Ganz zum Schluß soll wiederum nicht unerwähnt bleiben, daß strafrechtliche Aspekte vom Schuldner unbedingt zu beachten sind. Hier seien genannt die Straftatbestände der Vollstreckungsvereitelung und des Betruges.

Kapitel VII: Das Verfahren zur Abgabe der Eidesstattlichen Versicherung - Offenbarungseid

Das Verfahren hat sich mit der am 01.01.1999 in Kraft getretenen zweiten Zwangsvollstreckungsnovelle verändert. Bisher waren Zuständigkeit und Verfahren so geregelt, daß der Gerichtsvollzieher ausschließlich für die Zwangsvollstreckung „vor Ort" zuständig war und das Vollstreckungsgericht am Wohnsitz des Schuldners zuständig für die Abnahme der Eidesstattlichen Versicherung über das Vermögen des Schuldners.

Dies hat dazu geführt, daß mitunter Monate vergangen sind, bis nach einem Vollstreckungsauftrag, einer verweigerten Durchsuchung der Wohnung, entsprechender Nachricht des Gerichtsvollziehers an den Gläubiger, Antrag auf Durchsuchungserlaubnis beim Vollstreckungsgericht, Erlaß des Durchsuchungsbeschlusses, erneutem Auftrag an den Gerichtsvollzieher und anschließender - notfalls gewaltsamer - Durchsuchung der Schuldnerwohnung eine Fruchtlosigkeitsbescheinigung durch den Gerichtsvollzieher erteilt und der Antrag auf Ladung zur Abgabe der Eidesstattlichen Versicherung über das Vermögen des Schuldners gestellt werden konnte. Nach diesem

Antrag dauerte es in der Regel mehrere Wochen oder Monate, bis der Schuldner zum Offenbarungseid geladen wurde. Viele Schuldner haben dieser Ladung trotz entsprechender Hinweise auf einen drohenden Haftbefehl in der Ladung keine Folge geleistet. Das Gericht hat dann auf entsprechenden Antrag des Gläubigers Haftbefehl erlassen und der Gläubiger hat den Gerichtsvollzieher erneut beauftragt, den Schuldner zu verhaften und bei Gericht zwangsweise vorzuführen. Auf Fragen, weshalb denn der erste Termin nicht wahrgenommen worden sei, haben die Schuldner Begründungen angegeben, die von „ich hatte keine Zeit" bis zu „ich wollte mich lieber mit dem Taxi des Gerichtsvollziehers chauffieren lassen" reichen.
Durch die Neuregelungen im Gesetz ist das Verfahren wesentlich straffer organisiert worden, wobei dem Schuldner aber durchaus Möglichkeiten zur Verfügung stehen, seine Rechte wahrzunehmen.

Die Durchführung eines Verfahrens zur Abgabe der Eidesstattlichen Versicherung setzt voraus, daß gegen den Schuldner wegen einer Geldforderung vollstreckt wird. Der Schuldner hat in folgenden Fällen ein Vermögensverzeichnis vorzulegen und dessen Richtigkeit an Eides Statt zu versichern:

1. Die Zwangsvollstreckung wegen einer Geldforderung in das bewegliche Vermögen des Schuldners war tatsächlich erfolglos, was gegebenenfalls vom Gerichtsvollzieher zu bescheinigen ist oder wird voraussichtlich erfolglos sein. Der Nachweis für das Vorliegen dieser Voraussetzungen muß vom Gläubiger geführt werden. Dies geschieht in der Regel dadurch, daß eine sogenannte „Fruchtlosigkeitsbescheinigung" des Gerichtsvollziehers vorgelegt wird.

TIP: Darauf achten, daß die Fruchtlosigkeitsbescheinigung nicht älter als 6 Monate ist - ansonsten ist sie für das Verfahren zur Abgabe der Eidesstattlichen Versicherung nicht zu verwenden!

2. Der Schuldner verweigert die Durchsuchung seiner Wohnung.

3. Der Gerichtsvollzieher kann den Schuldner - trotz Vorankündigung - in der Wohnung nicht antreffen. Kann sich der Schuldner für seine Nichtantreffbarkeit entschuldigen (beispielsweise Urlaub, Krankenhausaufenthalt) darf das Verfahren zur Eidesstattlichen Versicherung trotz Vorankündigung nicht durchgeführt werden.

4. Soll gegen den Schuldner wegen der Herausgabe einer beweglichen Sache vollstreckt werden und findet der Gerichtsvollzieher die Sache - beispielsweise ein Sparbuch oder eine teure Uhr - nicht, muß der Schuldner neuerdings im Verfahren zur Abgabe der Eidesstattlichen Versicherung versichern, daß er die Sache nicht besitze und auch nicht wisse, wo sich die Sache befinde.

5. Der Schuldner ist im Rahmen des Verfahrens zur Abgabe der Eidesstattlichen Versicherung auch verpflichtet, Auskunft über gepfändete Forderungen zu erteilen. Wird dem Gläubiger diese Auskunft über eine gepfändete und überwiesene Forderung nicht erteilt, muß der Schuldner auch insoweit die Eidesstattliche Versicherung abgeben.

Nachdem nun die Fälle, in denen die Eidesstattliche Versicherung abzugeben ist, aufgezählt sind, muß das Verfahren zur Abgabe der Eidesstattlichen Versicherung dargestellt werden. Die gesetzlichen Regelungen finden sich in den §§ 899 bis 915 h der Zivilprozeßordnung. Wesentliche Änderungen seit dem Inkrafttreten der Zwangsvollstreckungsnovelle ist, daß sachlich zuständig zur Abnahme der Eidesstattlichen Versicherung nun der Gerichtsvollzieher bei dem Amtsgericht ist, in dessen Bezirk der Schuldner im Zeitpunkt der Auftragserteilung seinen Wohnsitz bzw. seinen Aufenthaltsort hat.

Kurz zusammengefaßt führt die Neuregelung dazu, daß der Gerichtsvollzieher beispielsweise eine Mobiliarvollstreckung in der Wohnung des Schuldners durchführt, feststellt, daß pfändbare Habe nicht vorhanden ist und eine Fruchtlosigkeitsbescheinigung erteilt. Wenn im Auftrag an den Gerichtsvollzieher bereits ein entsprechender Antrag des Gläubigers auf Abnahme der Eidesstattlichen Versicherung enthalten ist, wird in diesem Fall die Eidesstattliche Versicherung vom Gerichtsvollzieher sofort und ohne Anberaumung eines neuen Termins abgenommen.

Ansonsten beginnt das Verfahren mit dem Auftrag des Gläubigers, einen Termin zur Abgabe der Eidesstattlichen Versicherung zu bestimmen. Dieser Auftrag richtet sich an den Gerichtsvollzieher und dieser prüft, ob die Voraussetzungen zur Abgabe der Eidesstattlichen Versicherung vorliegen. Ist dieses der Fall, wird ein Termin anberaumt und dem Schuldner die Ladung förmlich zugestellt. Zum Schutz des Schuldners wird der Gerichtsvollzieher den Antrag abweisen, wenn die Voraussetzungen zur Abgabe der Eidesstattlichen Versicherung nicht vorliegen.

Erscheint der Schuldner zum Termin und ist auch bereit, sein Vermögen zu offenbaren, wird das Vermögensverzeichnis - wie bisher - angefertigt bzw. vom Schuldner das übersandte Formular ausgefüllt vorgelegt. Dann erfolgt die Belehrung des Schuldners über die Strafbarkeit einer falschen Eidesstattlichen Versicherung und der Schuldner versichert die Richtigkeit und Vollständigkeit des von ihm erstellten oder gemeinsam mit dem

Gerichtsvollzieher hergestellten und ggf. ergänzten Vermögensverzeichnisses an Eides Statt. Dies wird bestätigt durch die Unterschrift des Schuldners unter das Verzeichnis.

TIP: Falsche, unrichtige oder unvollständige Angaben im Vermögensverzeichnis sind strafbar gem. § 156 Strafgesetzbuch - Freiheitsstrafe bis zu drei Jahren oder Geldstrafe!

Sowohl in dem Fall, in dem der Gerichtsvollzieher nach einer fruchtlosen Zwangsvollstreckung die Eidesstattliche Versicherung auf Antrag des Gläubigers sofort abnehmen will, als auch in dem Fall, in dem der Schuldner in einem gesonderten Termin die Eidesstattliche Versicherung nicht abgeben will, hat er die Möglichkeit, Widerspruch zu erheben.

Will der Gerichtsvollzieher nach einer fruchtlosen Vollstrekkung in der Wohnung des Schuldners die Eidesstattliche Versicherung abnehmen, kann der Schuldner (und auch der Gläubiger) diesem Vorgehen widersprechen. Dann wird der Gerichtsvollzieher einen gesonderten Termin anberaumen.

Es ist also zu unterscheiden, daß einerseits dem Verfahren zur sofortigen Abnahme der Eidesstattlichen Versicherung nach einer fruchtlosen Pfändung widersprochen werden kann und andererseits dem Widerspruch, weil der Schuldner seine Verpflichtung zur Abgabe der Eidesstattlichen Versicherung überhaupt bestreitet.

Dieser Widerspruch kann nur mündlich im Termin und nicht vorher erhoben werden. Ein etwa vorher schriftlich erhobener Widerspruch ist unbeachtlich und führt dazu, daß gegebenenfalls Haftbefehl erlassen wird.

TIP: Zu einem anberaumten Termin zur Abgabe der Eidesstattlichen Versicherung immer erscheinen - sonst ergeht Haftbefehl!

Wichtig für den Schuldner ist zu wissen, daß mit einem Widerspruch der Schuldner nur Einwendung gegen die Zulässigkeit der Zwangsvollstreckung geltend machen kann.

Soweit der Schuldner beispielsweise einwenden will, daß er schließlich bezahlt habe, wird er mit diesem Vortrag nur im Rahmen des § 757 Nr. 4, Nr. 5 ZPO gehört; dann sind Quittungen und Überweisungsbelege bzw. Kontobelastungen vorzulegen. In einem solchen Fall kann das Vollstreckungsverfahren eingestellt werden und der Gläubiger hat lediglich die Möglichkeit, der Einstellung des Vollstreckungsverfahrens zu widersprechen. Dann wird dieses Verfahren fortgesetzt und

der Schuldner muß die Eidesstattliche Versicherung abgeben. Er hat dann nur noch die Möglichkeit, wegen der materiellrechtlichen Einwendungen die Vollstreckungsgegenklage zu erheben.
Der Rechtspfleger entscheidet über den Widerspruch des Schuldners durch Beschluß. Das Verfahren wird erst nach Rechtskraft einer den Widerspruch zurückweisenden Entscheidung fortgesetzt, d.h. der Schuldner kann gegebenenfalls gegen den Beschluß des Rechtspflegers sofortige Beschwerde nach § 793 ZPO einlegen.

Das ungünstigste Verhalten des Schuldners ist, entweder gar nicht erst zu einem anberaumten Termin zu erscheinen oder zu erscheinen, aber dann die Abgabe der Eidesstattlichen Versicherung ohne Angabe von Gründen oder mit nicht ausreichenden Gründen zu verweigern. Dann kann der Vollstreckungsrichter auf Antrag des Gläubigers einen Haftbefehl erlassen. Der Gläubiger wird diesen Haftbefehl gleich mit dem Vollstreckungsauftrag an den Gerichtsvollzieher beantragen. Schuldner und Gläubiger können sowohl gegen den Erlaß eines Haftbefehles als auch gegen dessen Ablehnung sofortige Beschwerde erheben.

Ist ein Haftbefehl aber einmal in der Welt, wird der Gerichtsvollzieher den ihm erteilten Verhaftungsauftrag ausführen. Dem Schuldner hilft es in diesem Fall auch nichts, sich in seiner

Wohnung zu „verschanzen", denn der Haftbefehl enthält gleichzeitig die Erlaubnis für den Gerichtsvollzieher, die Wohnung des Schuldners zwangsweise zu betreten und nach dem Schuldner zu durchsuchen. Ein Haftbefehl darf allerhöchstens drei Jahre alt sein, danach verliert er seine Wirkung.

TIP: Zeigt der Gerichtsvollzieher einen Haftbefehl vor, prüfen Sie, ob seit dem Erlaß des Haftbefehles nicht mehr als drei Jahre vergangen sind!

An dieser Stelle ist darauf hinzuweisen, daß Haftbefehle, die von Polizeibeamten vollstreckt werden, andere Wirkungen haben, als der Haftbefehl zur Erzwingung der Eidesstattlichen Versicherung. Sollte ein Schuldner in die unangenehme Lage kommen, daß ihm von Polizei- oder Kriminalbeamten ein Haftbefehl präsentiert wird, ist ein Widerspruch zwecklos.

Für die Beurteilung der Frage, ob der Schuldner sich freiwillig zur Abgabe der Eidesstattlichen Versicherung bemüht oder lieber einen Haftbefehl riskiert, ist sicherlich auch wesentlich, daß eine Eintragung im Schuldnerverzeichnis, die sogenannte „schwarze Liste", nicht nur dann erfolgt, wenn die Eidesstattliche Versicherung abgegeben wird, sondern auch dann, wenn eine Haftanordnung erfolgt, um die Abgabe der Eidesstattlichen Versicherung zu erzwingen.

Wird der Schuldner durch den Gerichtsvollzieher aufgrund eines Haftbefehles beim Vollstreckungsgericht vorgeführt und weigert er sich trotz der Verhaftung immer noch, die Eidesstattliche Versicherung abzugeben, liefert der Gerichtsvollzieher den Schuldner in die zuständige Justizvollzugsanstalt ein. Dort muß der Schuldner bleiben bis er entweder die Eidesstattliche Versicherung abgegeben hat oder 6 Monate um sind. Der Schuldner kann jedenfalls immer und jederzeit durch Abgabe der geforderten Eidesstattlichen Versicherung die Haft beenden.

Jeder Schuldner sollte sehr genau überlegen, ober er sich in die zuständige Justizvollzugsanstalt einliefern läßt. Denn abgesehen von den Unzuträglichkeiten eines solchen Aufenthaltes ist der Aufenthalt in der Justizvollzugsanstalt keineswegs kostenfrei, denn die Kosten der Inhaftierung sind als Kosten der Zwangsvollstreckung vom Schuldner zu tragen. Ob es sich lohnt, für seine eigene Inhaftierung zur Erzwingung der Abgabe der Eidesstattlichen Versicherung jeden Tag auch noch 150 DM oder mehr an Haftkosten zu zahlen, muß jeder Schuldner für sich ganz alleine entscheiden ...

Aus dem Schuldnerverzeichnis darf bei berechtigtem Interesse Auskunft erteilt werden. Die Eintragungen werden nach drei Jahren wegen Zeitablaufs oder auch früher gelöscht, nämlich dann, wenn der Schuldner die ihm obliegende Zahlungsverpflichtung erfüllt hat und dies nachweisen kann.

TIP: Wenn Sie eine titulierte Forderung bezahlt haben, lassen Sie sich immer den Vollstreckungsbescheid, das Urteil oder die vollstreckbare Urkunde und jeden anderen Vollstreckungstitel auch wegen der Zwangsvollstreckungskosten im Original aushändigen.

Nur mit den Originalunterlagen können sie gegenüber dem Schuldnerverzeichnis problemlos nachweisen, daß die Forderung bezahlt ist. Kein Gläubiger wird einen vollstreckbaren Titel aus der Hand geben, wenn er noch Forderungen hat. Hat aber der Schuldner den Titel selbst in der Hand, ist dies ein sicheres Zeichen für den Ausgleich der titulierten Forderung.

Hat der Schuldner einmal die eidesstattliche Versicherung abgegeben, hat er zunächst in der Regel „Ruhe". Der Schuldner braucht die Eidesstattliche Versicherung nur dann erneut abzugeben, wenn der Gläubiger glaubhaft macht, daß der Schuldner später Vermögen erworben hat oder ein Arbeitsverhältnis aufgelöst wurde.

Kapitel VIII: Hoffnung Insolvenzordnung und Schuldenbefreiung

Als Zwischenergebnis ist festzustellen, daß ein in finanziellen Schwierigkeiten geratener Schuldner in der Regel nur durch höchste Anstrengungen und frühes Reagieren überhaupt eine Möglichkeit hat, seine Verbindlichkeiten korrekt zu tilgen .

Wer seine Verbindlichkeiten nicht ordentlich abarbeitet und seine Probleme nicht löst, gerät unweigerlich in eine Mühle, die langsam aber sicher zur wirtschaftlichen Existenzvernichtung führt, denn die Spirale von Geldnot, neuen Forderungen, neuen Kosten und sozialer Isolierung wird immer enger bis zu einem Punkt, wo jede Lösungsmöglichkeit verbaut scheint und völlige Zahlungsunfähigkeit eintritt.

Für juristische Personen - z.B. eine Gesellschaft mit beschränkter Haftung - GmbH - gab es schon früher besondere Verfahren für den Fall der Zahlungsunfähigkeit:

Allgemein bekannt ist das Konkursverfahren. Nachdem nicht einzusehen ist, daß juristische Personen gegebenenfalls durch ein Konkursverfahren und Zahlung eines quotalen Betrages ihrer Verbindlichkeiten an die jeweiligen Gläubiger oder im Wege eine gerichtlichen Zwangsvergleiches Schuldenbefreiung erlangen können, eine natürliche Person - der „Durchschnittsschuldner" - dies aber bisher nicht erreichen konnte, hat der Gesetzgeber durch die Insolvenzordnung, die am 1.1.1999 in Kraft getreten ist, eine neue Möglichkeit der Schuldenbefreiung geschaffen.

Das Verfahren ist jedoch einerseits außerordentlich aufwendig, nicht ganz billig und erwartet vom Schuldner eine gehörige Portion von Einsatzwillen und Disziplin. Andererseits darf dies der Gläubiger sicher auch erwarten, da er wohl teilweise massive Forderungsausfälle zu verzeichnen haben wird.

Die neue Insolvenzordnung erhält für alle Insolvenzfälle - auch diejenigen der juristischen Personen - eine Reform. Das vorrangige Ziel bleibt immer die bestmögliche und gleichmäßige Befriedigung aller Gläubiger. Gleichzeitig soll jedoch dem redlichen und gutwilligen Schuldner eine Restschuldbefreiung und damit ein wirtschaftlicher Neuanfang ermöglicht werden. Dies ist der eigentliche Sinn des neuen „Verbraucher-Entschuldungsverfahrens".

Der Ablauf des Verfahrens soll zunächst anhand der nachstehenden Grafik verdeutlicht werden:

Das Verbraucher- Insolvenzverfahren

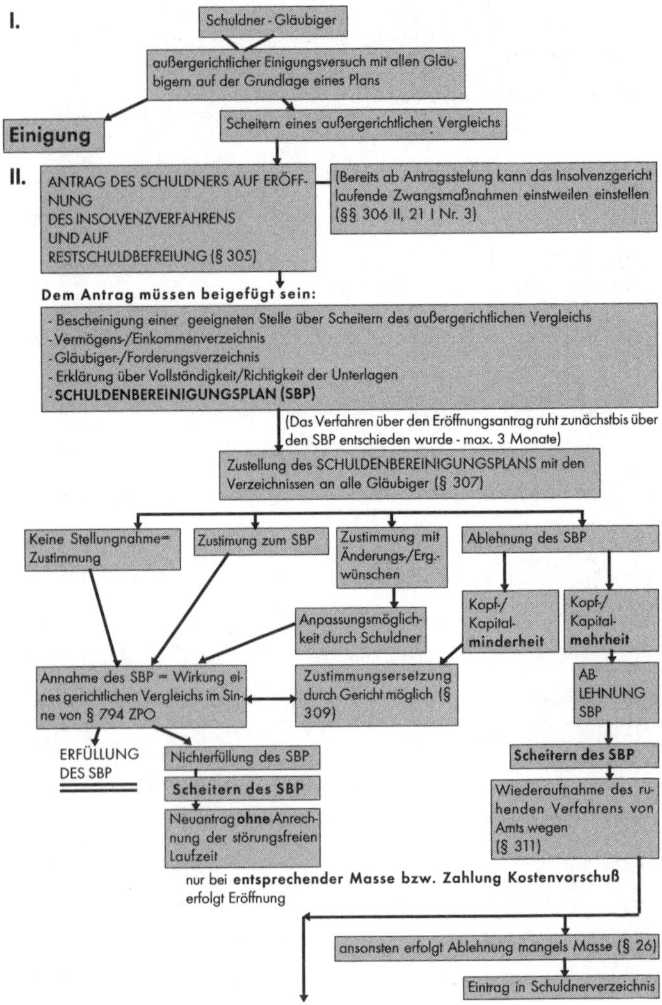

III.

vereinfachtes INSOLVENZVERFAHREN

- Eröffnungsbeschluß bewirkt Vollstreckungsverbot (§§ 89, 114 III)
- Insolvenzgericht veranlaßt
- öffentl. Bekanntmachung der Verfahrenseröffnung und fordert zur Forderungsanmeldung auf
- legt Prüfungstermin fest
- ordnet schriftliches Verfahren an bei überschaubaren Verhältnissen
- bestimmt den Treuhänder
- Treuhänder verwertet die evtl. vorhandene Insolvenzmasse und verteilt den Erlös an die Gläubiger

↓

Schlußtermin Beschluß über Ankündigung RSB (§291) → Versagung RSB öffentl. Bekanntmachung

Versagensgründe u. a. (§ 290):
- Verurteilung w/Straftat nach §§ 283 a-c StGB
- vorsätzl. falsche Angaben bei Krditantrag /öffentl.Leist.
- Verletzung Auskunfts-/Mitwirkungspflicht
- vorsätzl. alsche Angaben in Einkommensverzeichnis etc.

↓

WOHLVERHALTENSPERIODE

Schuldner tritt für die Dauer von 7 (Altfall: 5) Jahren alle künftigen pfändbaren Beträge an den Treuhänder ab. → gültige Abtretung behalten 3 (Altfall:2) Jahre lang Gültigkeit

↓

Der Treuhänder

- sammelt die pfändbaren Beträge und kehrt diese nach Rangfolge und Quote einmal jährlich nach Abzug der Treuhandgebühr an die Gläubiger aus.
- überwacht auf Antrag und auf Kosten der Gläubiger die Obliegen heitspflichten des Schuldners (§ 295):
- Wohn-/Arbeitswechsel anzeigen
- geerbtes Vermögen zur Hälfte herausgeben
- Zahlungen ausschließlich an Treuhänder leisten
- Mindestgebühr für Treuhänder

Nach Ablauf der Wohlverhaltensperiode:

↓

ENTSCHEIDUNG ÜBER ERTEILUNG DER RESTSCHULDBEFREIUNG durch das Insolvenzgericht nach Anhörung des Treuhänders, der Gläubiger und des Schuldners → Bei Verstoß gegen Obliegenheiten während der Wohlverhaltensperiode nach Anhörung des Treuhänders, der Gläubiger und des Schuldners ↓ VERSAGUNG DER RESTSCHULDBRFREIUNG (öffentl. Bekanntmachung)

BESCHLUSS ÜBER ERTEILUNG DER RESTSCHULDBEFREIUNG (öffentl. Bekanntmachung)

↓ Widerruf (§ 303) innerhalb eines Jahres nach Erteilung RSB, wenn nachtr. Obliegenheitsverstoß bekannt wird. (öffentl. Bekanntmachung) → VERSAGUNG DER RESTSCHULDBRFREIUNG (öffentl. Bekanntmachung)

↓

Wirkung:
- RSB wirkt gegen alle Gläubiger, auch solche, die nicht am Verfahren beteiligt waren
- jedoch nur gegenüber dem Antragsteller, nicht gegenüber mitverpflichteter Ehefrau etc. von der RSB grundsätzlich ausgenommene Forderungen:
- Verbindlichkeiten des Schuldners aus einer vorsätzlich begangenen unerlaubten handlung
- Geldstrafen, Geldbusen, Ordnungsgelder und diesen gleichgestellte Verbindlichkeiten des Schuldners.

A) Das außergerichtliche Verfahren

Der Schuldner kann nicht sofort die Gerichte beanspruchen, sondern die Insolvenzordnung sieht vor, daß der Schuldner zunächst den intensiven und nachhaltigen Versuch unternehmen muß, sich mit allen Gläubigern außergerichtlich zu einigen. Dies erfordert zunächst, daß der Schuldner allen seinen Gläubigern mitteilt, wann und in welcher Höhe sie mit Ratenzahlungen bzw. einmaligen Zahlungen rechnen können. Hierbei geht die Insolvenzordnung davon aus, daß der Schuldner normalerweise seine Verpflichtungen nicht in voller Höhe erfüllen kann, sondern - entsprechend der Absicht des Gesetzes - erwartet und auch erwarten darf, daß seine Gläubiger sich einer vernünftigen Regelung nicht verschließen und einen Teil der Schulden erlassen.
Ziel der außergerichtlichen Bemühungen muß für den Schuldner sein, sich mit allen seinen Gläubigern zu einigen, also einen Vergleich zu schließen.

Im günstigsten Fall stimmen alle Gläubiger den Vorschlägen des Schuldners zu. Hält der Schuldner dann den von ihm selbst gemachten Vorschlag ein, braucht das aufwendige und letztlich teuere Gerichtsverfahren nicht durchgeführt zu werden. Denn mit dem Einverständnis aller Gläubiger ist ja auch gleichzeitig eine abschließende Regelung gefunden und die Schulden können bereinigt werden.

Ganz anders liegt die Sache aber, wenn auch nur ein einziger Gläubiger mit dem Vorschlag des Schuldners zur Schuldenbereinigung nicht einverstanden ist. Zwar besteht dann immer noch die Möglichkeit, daß der Schuldner einen neuen Plan erstellt, allerdings führt dies in der Regel zu weiteren Verlusten bei den anderen Gläubigern und demzufolge deren sinkendem Interesse, an der Schuldenbereinigung mitzuwirken.

Ist der außergerichtliche Versuch gescheitert, kann dennoch nicht sofort das gerichtliche Verfahren begonnen werden. Es muß zuvor der Nachweis geführt werden, daß die Einigungsversuche des Schuldners erfolglos geblieben sind. Diese Bescheinigung wird von Personen oder Stellen erteilt, die von Bundesland zu Bundesland durch Verordnung unterschiedlich festgesetzt werden.

Jedenfalls sind kommunale Schuldnerberatungsstellen, Verbraucherberatungsstellen und insbesondere auch Steuerberater und Rechtsanwälte - nicht aber beispielsweise Gerichtsvollzieher - „geeignete Personen" und gegebenenfalls zugelassen, die Erfolglosigkeit der Vergleichsbemühungen zu attestieren.

Im Zweifelsfalle empfiehlt es sich, bei der Rechtsantragsstelle des zuständigen Amtsgerichtes oder einer Schuldnerberatungsstelle der jeweiligen Gemeinde Informationen einzuholen.

Solche Stellen können natürlich auch bei dem Bemühen um eine einvernehmliche Regelung behilflich sein.

Die Arbeit wird beispielsweise einer Schuldnerberatungsstelle - und im übrigen auch jedem, der seinen Schuldenbereinigungsplan selbst erstellen will - ganz erheblich erleichtert, wenn bestimmte „Spielregeln" und Vorbereitungen beachtet werden:

1. Tatsächlich müssen Sie **alle** bestehenden Schulden auflisten und wirklich die **aktuelle** Forderungshöhe feststellen. Hierzu sind gegebenenfalls umfangreiche Nachforschungen und auch eine gewisse Ehrlichkeit sich selbst gegenüber erforderlich.
Zudem dürfen auch kleinere und kleinste Verbindlichkeiten nicht vergessen werden. Dabei kann es sich zum Beispiel um einen rückständigen Beitrag zum Sportverein handeln, um eine geringfügige aber seit langem bestehende Kontoüberziehung bei der Hausbank sowie um einen von einem Freund „ausgeliehenen" kleinen Geldbetrag oder um rückständige Versicherungsprämien.

2. In Verbindung mit dieser Arbeit sollte ein gesondertes Gläubigerverzeichnis (Adressenverzeichnis mit Telefon- und Telefaxnummern) erstellt werden. Zweckmäßig ist auch die genaue Zuordnung von Bearbeitungskennzeichen des jeweiligen Gläubigers zu der Adresse.

3. Eine vorausschauende Auflistung von allen Einkünften in den kommenden sieben (für Altfälle fünf) Jahre muß erstellt und berechnet werden. Dabei sind die üblichen Lohnsteigerungen (vorsichtig und niedrig) zu berücksichtigen, und zwar ebenso wie Weihnachts- und Urlaubsgeld und geldwerte sonstige Bezüge (beispielsweise freies Wohnen, Fahrtkostenersatz oder ähnliches).

4. Eine realistische Planung muß her, was in den nächsten sieben oder fünf Jahren an Zahlungen - auch in welchen Abständen - geleistet werden kann. Hier ist ganz klar zu prüfen, bis an welche Grenze die Leistungsfähigkeit des Schuldners nach seiner eigenen Einschätzung geht. Hier ist eine korrekte Einschätzung der eigenen Leistungsfähigkeit gefragt, weil eine Überschätzung der Leistungsfähigkeit ebenso nachteilig ist wie ein auftretender Anschein von mangelnder Leistungsbereitschaft.

TIP: Besorgen Sie alle Adressen, alle verfügbaren Angaben zur Schuldenhöhe, alle Angaben und Unterlagen zu Ihrer Einkommenssituation und alle Unterlagen über besondere Belastungen bereits zugleich zu Anfang, sortieren Sie diese Unterlagen und fertigen Sie vorsorglich eine Arbeitskopie von allen Unterlagen an.

Wenn diese Unterlagen alle zusammengestellt sind, beginnt die Schreibarbeit. Es müssen alle Gläubiger angeschrieben werden und um Mitteilung der aktuellen Schuldsalden gebeten werden. Die entsprechenden Auskünfte müssen vom Gläubiger erteilt werden. Der Gläubiger ist aber nur verpflichtet, auf Aufforderung durch den Schuldner diesem eine Aufstellung über die gegen ihn gerichteten Forderungen erteilen. In der Forderungsaufstellung müssen Hauptforderung, Zinsen und Kosten getrennt ausgewiesen sein.

TIP: Lassen Sie nicht zu, daß Ihr Gläubiger für die Erstellung von Forderungsaufstellungen und Schuldsaldenmitteilungen Kosten berechnet!

Gewisse Institutionen werden versuchen, für die Herstellung von Schuldsaldenmitteilungen Kosten oder Gebühren zu berechnen. Dieses ist nach § 305 Abs. 2 Insolvenzordnung unzulässig, die Auskünfte müssen kostenfrei erteilt werden.

Beachten Sie, daß diese Kosten gegebenenfalls auch in Monats- oder Quartalsabrechnungen (Banken, Versicherungen...) enthalten sein können und Ihnen zunächst nicht auffallen. Prüfen Sie daher Sammelabrechnungen immer genau.
Das Schreiben an die Gläubiger könnte wie folgt lauten:

Susi Sorglos
Hoffnungstraße 7

00000 Freistadt

PER TELEFAX
Galactic Bank
Monetastraße 999

00000 Geldhausen

Schuldenregulierung im Rahmen der Insolvenzordnung
Vorbereitung eines außergerichtlichen Einigungsvorschlages
Hier: I.Z.: AA/BB

Sehr geehrte Damen und Herren,

ich bedauere, Ihnen mitteilen zu müssen, daß meine Verbindlichkeiten von mir nicht mehr bedient werden können. Meine Verschuldungssituation ist so, daß ich zahlungsunfähig bin. Dennoch werde ich versuchen, im Rahmen eines von mir bezahlbaren außergerichtlichen Vergleiches mit den Gläubigern eine Schuldentilgung zu erreichen. Gegebenenfalls muß ich das förmliche Verfahren im Rahmen der Insolvenzordnung in Anspruch nehmen.

Um mir einen aktuellen Überblick über meine Verschuldungssituation zu verschaffen, bitte ich Sie darum, mit eine auf den 01.01.1999 berechnete aktuelle Forderungsaufstellung zuzusenden. Diese Forderungsaufstellung muß nach Hauptforderung, Zinsen und gegebenenfalls Kosten aufgegliedert sein. Bitte informieren Sie mich, ob Ihnen ein vollstreckbarer Titel über die Ihnen zustehende Forderung vorliegt und ob eine wirksame Lohn- oder Gehaltsabtretung vorliegt.

Ich bin Ihnen dankbar, wenn Sie mir eine Kopie Ihnen eventuell vorliegender Vollstreckungstitel zusenden könnten.

Sobald mir die Forderungen sämtlicher Gläubiger bekannt sind, werde ich mich unverzüglich nochmals melden.

Mit freundlichen Grüßen

Susi Sorglos

Wenn Sie ein Telefaxgerät benutzen können, ist dies einerseits weniger aufwendig (keine Kopien für die eigene Akte), schneller und jedenfalls preiswerter und hat darüber hinaus den Vorteil, daß das Faxprotokoll Ihnen als Nachweis für die Versendung des Anschreibens dienen kann. (Das Faxgerät des Arbeitgebers sollte man - wenn überhaupt - nur mit dessen Einverständnis benutzen ...)

Die Gläubiger werden sich auf dieses Schreiben dann melden und - hoffentlich - brauchbare Forderungsaufstellungen zusenden. Hier wird der Schuldner nun überprüfen, ob alle seine Zahlungen berücksichtigt sind, ob nicht zu hohe Zinsen in Ansatz gebracht worden sind, ob Zinsen verjährt sind (4 Jahre) und ob beispielsweise eine nicht titulierte Forderung mit der Verjährungseinrede beseitigt werden kann. Hier ist gegebenenfalls der Rat von Fachleuten einzuholen.
Es muß auch geprüft werden, ob die vorgelegten Abtretungen wirksam sind.

Der Schuldner muß gegebenenfalls darauf bestehen, daß Forderungen reduziert werden, wenn sie teilweise unberechtigt sind (Zinsen!).

Mit all diesen Daten kann der Schuldner dann ein möglichst vollständiges Gläubiger- und Forderungsverzeichnis erstellen. Dieses könnte wie folgt aussehen:

Gläubiger- und Forderungsverzeichnis:

1. Galactic Bank Forderung aus gekündigtem Darlehensvertrag (zuzüglich 4 % Zinsen über dem jeweiligen Diskontsatz) Lohnabtretung besteht unter dem Datum vom 05.05.1995	35.000,00 DM
2. Gemeinde Pechdorf Forderung aus Schadenersatz (zuzüglich 4 % Zinsen p.a.) Urteil vom 01.04.1996	25.000,00 DM
3. Versandhaus Nimmnur Rechnung für Warenlieferung (Einbauküche) (zuzüglich 4 % Zinsen seit dem 01.07.1997) Urteil aus dem Jahre 1997	5.000,00 DM
4. Frau Liese Gutherz Privatdarlehen ohne Zinsen gekündigt zum 01.01.1999	15.000,00 DM

5. Leasinggesellschaft Null + Nix fälliger Leasingvertrag für Pkw Zinsen nicht bekannt bisher nicht tituliert	20.000,00 DM
Gesamtforderung aller Gläubiger:	100.000,00 DM

Die prozentualen Anteile der Gesamtforderung errechnen sich wie folgt:

1. Für Galactic Bank	35 %
2. Für die Gemeinde Pechstadt	25 %
3. Für das Versandhaus Nimmnur	5 %
4. Für Frau Liese Gutherz	15 %
5. Für Leasinggesellschaft Null + Nix	20 %
insgesamt	100 %

Nun muß vom Schuldner ein Einkommens- und Vermögensverzeichnis erarbeitet werden. Dies ist sinnvollerweise bereits in diesem Stand des Verfahrens zu erledigen, weil gegebenenfalls ein solches Verzeichnis beim Antrag auf Eröffnung eines Insolvenzverfahrens sowieso bei Gericht vorgelegt werden muß. Aus diesem Grunde kann es auch bereits jetzt erstellt werden und den Gläubigern beim außergerichtlichen

Einigungsversuch zur Verfügung gestellt werden.

Das Einkommen sollte vom Arbeitgeber als Jahresnettoeinkommen errechnet werden. Der Arbeitgeber sollte überprüfen, welche nicht oder nur bedingt pfändbaren Einkommensanteile vorhanden sind und diese gesondert ausweisen, beispielsweise ist Kindergeld gar nicht, Weihnachtsgeld oder Überstundenvergütung nur teilweise pfändbar.

In dem Vermögensverzeichnis darf nichts verschwiegen werden. Allerdings brauchen nur die pfändbaren Gegenstände aufgeführt werden. Es braucht also eine normale Wohnungseinrichtung nicht angegeben zu werden. Es empfiehlt sich aber, dies als „Erinnerungsposten" aufzunehmen und im Vermögensverzeichnis zu vermerken: „Normale Wohnungseinrichtung".

Es muß betont werden, daß beispielsweise wertvolle Teppiche oder teure Fernseher oder Elektrogeräte angegeben werden müssen. Ebenso ist ein Fahrzeug anzugeben, wobei Alter und Laufleistung mit angegeben werden sollten. Eine Eigentumswohnung, ein Haus oder Anteile an Unternehmen sind ebenso anzugeben wie Sparguthaben oder Lebensversicherungen und Antiquitäten. Diese Gegenstände müssen zur Tilgung der Schulden den Gläubigern zur Verfügung gestellt werden (Einzelheiten sind im § 36 Insolvenzordnung geregelt).

TIP: Auch Ihnen zustehende Forderungen gehören in das Vermögensverzeichnis

Wenn Sie also Ihrem Freund in besseren Zeiten einen Betrag von 30.000 DM geliehen haben, den dieser in Raten von 2.000 DM jeweils zum 24. Dezember eines jeden Jahres zurückzahlt, so müssen Sie auch dies in Ihrem Vermögensverzeichnis vermerken.
Wenn also alle Informationen über das jährliche Einkommen zur Verfügung stehen, müssen diese nochmals auf ihre Vollständigkeit und Richtigkeit überprüft werden. Denn der Schuldner muß dies ausdrücklich versichern.

Nun kann der Schuldner daran gehen, einen Schuldenbereinigungsplan aufzustellen. Dabei muß ganz wesentlich unterschieden werden, ob es sich bei dem Schuldner um einen sogenannten „Altfall" oder um einen „Neufall" handelt.

Ein Schuldner, der nach dem 1. Januar 1997 zahlungsunfähig wurde, ist eine sogenannter „Neufall" und hat sieben Jahre lang seine pfändbaren Einkommensanteile an die Gläubiger abzuführen, um eine Befreiung von seinen restlichen Schulden erreichen zu können. Bei Schuldnern, die vor dem 1.1.1997 zahlungsunfähig waren, verkürzt sich diese Zeit auf fünf Jahre. Es handelt sich dann um einen sogenannten „Altfall". Es ist völlig gleichgültig, ob nach Ablauf von sieben oder fünf Jahren die Schulden noch sehr hoch oder ganz niedrig sind. Das Gericht wird - bei Vorliegen der übrigen Voraussetzungen - nach der gesetzlich vorgeschriebenen Zeit alle Schulden erlassen. Ausgenommen von der Schuldenbefreiung sind nur Geldstrafen oder Zahlungen, die Schuldner wegen vorsätzlicher, unerlaubter Handlungen leisten muß (beispielsweise Schmerzensgeld an einen bei einer Schlägerei Verletzten).

Natürlich muß der Schuldner mit seiner Familie auch überleben und halbwegs normal seinen Unterhalt bestreiten können. Daher muß der Schuldner nicht sein gesamtes Einkommen an den Gläubiger abführen, sondern nur den sogenannten pfändbaren Teil. Diesen Teil - nicht mehr und nicht weniger - muß der Schuldner dem Gläubiger zur Schuldentilgung anbieten. Der Schuldner sollte also nicht mehr anbieten als das, wozu er verpflichtet ist. Natürlich ist es erfreulich, wenn später eine höhere Tilgungsleistung als geschuldet erbracht werden kann!!

TIP: Machen Sie nicht den Fehler, zuviel zu versprechen und Zusagen später nicht einhalten zu können.

Die pfändbaren Beträge, die an die Gläubiger auf die Dauer von sieben Jahren oder bei Altfällen auf die Dauer von fünf

Jahren abgeführt werden, richten sich an der Anzahl der unterhaltsberechtigten Personen. Solche Personen sind Ehegatten und Kinder. Die entsprechenden Vorschriften finden sich in der Zivilprozeßordnung und zur Erleichterung der Feststellung derjenigen Beträge, die gepfändet werden können, gibt es eine Pfändungstabelle.

Die Tabelle wird so benutzt, daß man zunächst den Nettolohn feststellt und in der Spalte ganz links sucht. Von dort aus wird nach rechts gesehen, wo die monatlich abziehbaren Beträge verzeichnet sind. Je nach Anzahl der Unterhaltsberechtigten ändert sich der pfändbare Betrag.

Beispiel:

Bei einem Nettoeinkommen von 2.010,00 DM ist für einen verheirateten Lohnempfänger mit einem Kind - vorausgesetzt die Ehefrau hat kein eigenes Einkommen - überhaupt kein Betrag pfändbar. Besteht nur eine Unterhaltspflicht für die Ehefrau ist ein Betrag von 161,50 DM pfändbar. Ist der Lohnempfänger alleinstehend, wird ein Betrag von 553,70 DM in Abzug gebracht.

Nettolohn monatlich	Pfändbarer Betrag bei Unterhaltspflicht*) für					
	0	1	2	3	4	5 und mehr Personen
	in DM					
bis 1 219,99	—	—	—	—	—	—
1 220,00 bis 1 239,99	7,70	—	—	—	—	—
1 240,00 bis 1 259,99	21,70	—	—	—	—	—
1 260,00 bis 1 279,99	35,70	—	—	—	—	—
1 280,00 bis 1 299,99	49,70	—	—	—	—	—
1 300,00 bis 1 319,99	63,70	—	—	—	—	—
1 320,00 bis 1 339,99	77,70	—	—	—	—	—
1 340,00 bis 1 359,99	91,70	—	—	—	—	—
1 360,00 bis 1 379,99	105,70	—	—	—	—	—
1 380,00 bis 1 399,99	119,70	—	—	—	—	—
1 400,00 bis 1 419,99	133,70	—	—	—	—	—
1 420,00 bis 1 439,99	147,70	—	—	—	—	—
1 440,00 bis 1 459,99	161,70	—	—	—	—	—
1 460,00 bis 1 479,99	175,70	—	—	—	—	—
1 480,00 bis 1 499,99	189,70	—	—	—	—	—
1 500,00 bis 1 519,99	203,70	—	—	—	—	—
1 520,00 bis 1 539,99	217,70	—	—	—	—	—
1 540,00 bis 1 559,99	231,70	—	—	—	—	—
1 560,00 bis 1 579,99	245,70	—	—	—	—	—
1 580,00 bis 1 599,99	259,70	—	—	—	—	—
1 600,00 bis 1 619,99	273,70	—	—	—	—	—
1 620,00 bis 1 639,99	287,70	—	—	—	—	—
1 640,00 bis 1 659,99	301,70	—	—	—	—	—
1 660,00 bis 1 679,99	315,70	—	—	—	—	—
1 680,00 bis 1 699,99	329,70	1,50	—	—	—	—
1 700,00 bis 1 719,99	343,70	11,50	—	—	—	—
1 720,00 bis 1 739,99	357,70	21,50	—	—	—	—
1 740,00 bis 1 759,99	371,70	31,50	—	—	—	—
1 760,00 bis 1 779,99	385,70	41,50	—	—	—	—
1 780,00 bis 1 799,99	399,70	51,50	—	—	—	—
1 800,00 bis 1 819,99	413,70	61,50	—	—	—	—
1 820,00 bis 1 839,99	427,70	71,50	—	—	—	—
1 840,00 bis 1 859,99	441,70	81,50	—	—	—	—
1 860,00 bis 1 879,99	455,70	91,50	—	—	—	—
1 880,00 bis 1 899,99	469,70	101,50	—	—	—	—
1 900,00 bis 1 919,99	483,70	111,50	—	—	—	—
1 920,00 bis 1 939,99	497,70	121,50	—	—	—	—
1 940,00 bis 1 959,99	511,70	131,50	—	—	—	—
1 960,00 bis 1 979,99	525,70	141,50	—	—	—	—
1 980,00 bis 1 999,99	539,70	151,50	—	—	—	—
2 000,00 bis 2 019,99	553,70	161,50	—	—	—	—
2 020,00 bis 2 039,99	567,70	171,50	—	—	—	—
2 040,00 bis 2 059,99	581,70	181,50	4,80	—	—	—
2 060,00 bis 2 079,99	595,70	191,50	12,80	—	—	—
2 080,00 bis 2 099,99	609,70	201,50	20,80	—	—	—
2 100,00 bis 2 119,99	623,70	211,50	28,80	—	—	—
2 120,00 bis 2 139,99	637,70	221,50	36,80	—	—	—
2 140,00 bis 2 159,99	651,70	231,50	44,80	—	—	—
2 160,00 bis 2 179,99	665,70	241,50	52,80	—	—	—
2 180,00 bis 2 199,99	679,70	251,50	60,80	—	—	—
2 200,00 bis 2 219,99	693,70	261,50	68,80	—	—	—
2 220,00 bis 2 239,99	707,70	271,50	76,80	—	—	—
2 240,00 bis 2 259,99	721,70	281,50	84,80	—	—	—
2 260,00 bis 2 279,99	735,70	291,50	92,80	—	—	—
2 280,00 bis 2 299,99	749,70	301,50	100,80	—	—	—

*) Zu berücksichtigen sind Unterhaltsleistungen des Schuldners gegenüber seinem Ehegatten, einem früheren Ehegatten, einem Verwandten oder der Mutter eines nichtehelichen Kindes nach §§ 1615l, 1615n des Bürgerlichen Gesetzbuchs.

Nettolohn monatlich	Pfändbarer Betrag bei Unterhaltspflicht*) für					
	0	1	2	3	4	5 und mehr Personen
	in DM					
2 300,00 bis 2 319,99	763,70	311,50	108,80	—	—	—
2 320,00 bis 2 339,99	777,70	321,50	116,80	—	—	—
2 340,00 bis 2 359,99	791,70	331,50	124,80	—	—	—
2 360,00 bis 2 379,99	805,70	341,50	132,80	—	—	—
2 380,00 bis 2 399,99	819,70	351,50	140,80	0,30	—	—
2 400,00 bis 2 419,99	833,70	361,50	148,80	6,30	—	—
2 420,00 bis 2 439,99	847,70	371,50	156,80	12,30	—	—
2 440,00 bis 2 459,99	861,70	381,50	164,80	18,30	—	—
2 460,00 bis 2 479,99	875,70	391,50	172,80	24,30	—	—
2 480,00 bis 2 499,99	889,70	401,50	180,80	30,30	—	—
2 500,00 bis 2 519,99	903,70	411,50	188,80	36,30	—	—
2 520,00 bis 2 539,99	917,70	421,50	196,80	42,30	—	—
2 540,00 bis 2 559,99	931,70	431,50	204,80	48,30	—	—
2 560,00 bis 2 579,99	945,70	441,50	212,80	54,30	—	—
2 580,00 bis 2 599,99	959,70	451,50	220,80	60,30	—	—
2 600,00 bis 2 619,99	973,70	461,50	228,80	66,30	—	—
2 620,00 bis 2 639,99	987,70	471,50	236,80	72,30	—	—
2 640,00 bis 2 659,99	1 001,70	481,50	244,80	78,30	—	—
2 660,00 bis 2 679,99	1 015,70	491,50	252,80	84,30	—	—
2 680,00 bis 2 699,99	1 029,70	501,50	260,80	90,30	—	—
2 700,00 bis 2 719,99	1 043,70	511,50	268,80	96,30	—	—
2 720,00 bis 2 739,99	1 057,70	521,50	276,80	102,30	—	—
2 740,00 bis 2 759,99	1 071,70	531,50	284,80	108,30	2,00	—
2 760,00 bis 2 779,99	1 085,70	541,50	292,80	114,30	6,00	—
2 780,00 bis 2 799,99	1 099,70	551,50	300,80	120,30	10,00	—
2 800,00 bis 2 819,99	1 113,70	561,50	308,80	126,30	14,00	—
2 820,00 bis 2 839,99	1 127,70	571,50	316,80	132,30	18,00	—
2 840,00 bis 2 859,99	1 141,70	581,50	324,80	138,30	22,00	—
2 860,00 bis 2 879,99	1 155,70	591,50	332,80	144,30	26,00	—
2 880,00 bis 2 899,99	1 169,70	601,50	340,80	150,30	30,00	—
2 900,00 bis 2 919,99	1 183,70	611,50	348,80	156,30	34,00	—
2 920,00 bis 2 939,99	1 197,70	621,50	356,80	162,30	38,00	—
2 940,00 bis 2 959,99	1 211,70	631,50	364,80	168,30	42,00	—
2 960,00 bis 2 979,99	1 225,70	641,50	372,80	174,30	46,00	—
2 980,00 bis 2 999,99	1 239,70	651,50	380,80	180,30	50,00	—
3 000,00 bis 3 019,99	1 253,70	661,50	388,80	186,30	54,00	—
3 020,00 bis 3 039,99	1 267,70	671,50	396,80	192,30	58,00	—
3 040,00 bis 3 059,99	1 281,70	681,50	404,80	198,30	62,00	—
3 060,00 bis 3 079,99	1 295,70	691,50	412,80	204,30	66,00	—
3 080,00 bis 3 099,99	1 309,70	701,50	420,80	210,30	70,00	—
3 100,00 bis 3 119,99	1 323,70	711,50	428,80	216,30	74,00	1,90
3 120,00 bis 3 139,99	1 337,70	721,50	436,80	222,30	78,00	3,90
3 140,00 bis 3 159,99	1 351,70	731,50	444,80	228,30	82,00	5,90
3 160,00 bis 3 179,99	1 365,70	741,50	452,80	234,30	86,00	7,90
3 180,00 bis 3 199,99	1 379,70	751,50	460,80	240,30	90,00	9,90
3 200,00 bis 3 219,99	1 393,70	761,50	468,80	246,30	94,00	11,90
3 220,00 bis 3 239,99	1 407,70	771,50	476,80	252,30	98,00	13,90
3 240,00 bis 3 259,99	1 421,70	781,50	484,80	258,30	102,00	15,90
3 260,00 bis 3 279,99	1 435,70	791,50	492,80	264,30	106,00	17,90
3 280,00 bis 3 299,99	1 449,70	801,50	500,80	270,30	110,00	19,90
3 300,00 bis 3 319,99	1 463,70	811,50	508,80	276,30	114,00	21,90
3 320,00 bis 3 339,99	1 477,70	821,50	516,80	282,30	118,00	23,90
3 340,00 bis 3 359,99	1 491,70	831,50	524,80	288,30	122,00	25,90
3 360,00 bis 3 379,99	1 505,70	841,50	532,80	294,30	126,00	27,90
3 380,00 bis 3 399,99	1 519,70	851,50	540,80	300,30	130,00	29,90

*) Zu berücksichtigen sind Unterhaltsleistungen des Schuldners gegenüber seinem Ehegatten, einem früheren Ehegatten, einem Verwandten oder der Mutter eines nichtehelichen Kindes nach §§ 1615l, 1615n des Bürgerlichen Gesetzbuchs.

Nettolohn monatlich	Pfändbarer Betrag bei Unterhaltspflicht*) für					
	0	1	2	3	4	5 und mehr Personen
	in DM					
3 400,00 bis 3 419,99	1 533,70	861,50	548,80	306,30	134,00	31,90
3 420,00 bis 3 439,99	1 547,70	871,50	556,80	312,30	138,00	33,90
3 440,00 bis 3 459,99	1 561,70	881,50	564,80	318,30	142,00	35,90
3 460,00 bis 3 479,99	1 575,70	891,50	572,80	324,30	146,00	37,90
3 480,00 bis 3 499,99	1 589,70	901,50	580,80	330,30	150,00	39,90
3 500,00 bis 3 519,99	1 603,70	911,50	588,80	336,30	154,00	41,90
3 520,00 bis 3 539,99	1 617,70	921,50	596,80	342,30	158,00	43,90
3 540,00 bis 3 559,99	1 631,70	931,50	604,80	348,30	162,00	45,90
3 560,00 bis 3 579,99	1 645,70	941,50	612,80	354,30	166,00	47,90
3 580,00 bis 3 599,99	1 659,70	951,50	620,80	360,30	170,00	49,90
3 600,00 bis 3 619,99	1 673,70	961,50	628,80	366,30	174,00	51,90
3 620,00 bis 3 639,99	1 687,70	971,50	636,80	372,30	178,00	53,90
3 640,00 bis 3 659,99	1 701,70	981,50	644,80	378,30	182,00	55,90
3 660,00 bis 3 679,99	1 715,70	991,50	652,80	384,30	186,00	57,90
3 680,00 bis 3 699,99	1 729,70	1 001,50	660,80	390,30	190,00	59,90
3 700,00 bis 3 719,99	1 743,70	1 011,50	668,80	396,30	194,00	61,90
3 720,00 bis 3 739,99	1 757,70	1 021,50	676,80	402,30	198,00	63,90
3 740,00 bis 3 759,99	1 771,70	1 031,50	684,80	408,30	202,00	65,90
3 760,00 bis 3 779,99	1 785,70	1 041,50	692,80	414,30	206,00	67,90
3 780,00 bis 3 796,00	1 799,70	1 051,50	700,80	420,30	210,00	69,90
Der Mehrbetrag über 3 796,00 DM ist voll pfändbar.						

*) Zu berücksichtigen sind Unterhaltsleistungen des Schuldners gegenüber seinem Ehegatten, einem früheren Ehegatten, einem Verwandten oder der Mutter eines nichtehelichen Kindes nach §§ 1615l, 1615n des Bürgerlichen Gesetzbuchs.

Nettolohn wöchentlich	Pfändbarer Betrag bei Unterhaltspflicht*) für					
	0	1	2	3	4	5 und mehr Personen
	in DM					
bis 279,99	—	—	—	—	—	—
280,00 bis 284,99	0,70	—	—	—	—	—
285,00 bis 289,99	4,20	—	—	—	—	—
290,00 bis 294,99	7,70	—	—	—	—	—
295,00 bis 299,99	11,20	—	—	—	—	—
300,00 bis 304,99	14,70	—	—	—	—	—
305,00 bis 309,99	18,20	—	—	—	—	—
310,00 bis 314,99	21,70	—	—	—	—	—
315,00 bis 319,99	25,20	—	—	—	—	—
320,00 bis 324,99	28,70	—	—	—	—	—
325,00 bis 329,99	32,20	—	—	—	—	—
330,00 bis 334,99	35,70	—	—	—	—	—
335,00 bis 339,99	39,20	—	—	—	—	—
340,00 bis 344,99	42,70	—	—	—	—	—
345,00 bis 349,99	46,20	—	—	—	—	—
350,00 bis 354,99	49,70	—	—	—	—	—
355,00 bis 359,99	53,20	—	—	—	—	—
360,00 bis 364,99	56,70	—	—	—	—	—
365,00 bis 369,99	60,20	—	—	—	—	—
370,00 bis 374,99	63,70	—	—	—	—	—
375,00 bis 379,99	67,20	—	—	—	—	—
380,00 bis 384,99	70,70	—	—	—	—	—
385,00 bis 389,99	74,20	—	—	—	—	—
390,00 bis 394,99	77,70	1,50	—	—	—	—
395,00 bis 399,99	81,20	4,00	—	—	—	—
400,00 bis 404,99	84,70	6,50	—	—	—	—
405,00 bis 409,99	88,20	9,00	—	—	—	—
410,00 bis 414,99	91,70	11,50	—	—	—	—
415,00 bis 419,99	95,20	14,00	—	—	—	—
420,00 bis 424,99	98,70	16,50	—	—	—	—
425,00 bis 429,99	102,20	19,00	—	—	—	—
430,00 bis 434,99	105,70	21,50	—	—	—	—
435,00 bis 439,99	109,20	24,00	—	—	—	—
440,00 bis 444,99	112,70	26,50	—	—	—	—
445,00 bis 449,99	116,20	29,00	—	—	—	—
450,00 bis 454,99	119,70	31,50	—	—	—	—
455,00 bis 459,99	123,20	34,00	—	—	—	—
460,00 bis 464,99	126,70	36,50	—	—	—	—
465,00 bis 469,99	130,20	39,00	—	—	—	—
470,00 bis 474,99	133,70	41,50	0,80	—	—	—
475,00 bis 479,99	137,20	44,00	2,80	—	—	—
480,00 bis 484,99	140,70	46,50	4,80	—	—	—
485,00 bis 489,99	144,20	49,00	6,80	—	—	—
490,00 bis 494,99	147,70	51,50	8,80	—	—	—
495,00 bis 499,99	151,20	54,00	10,80	—	—	—
500,00 bis 504,99	154,70	56,50	12,80	—	—	—
505,00 bis 509,99	158,20	59,00	14,80	—	—	—
510,00 bis 514,99	161,70	61,50	16,80	—	—	—
515,00 bis 519,99	165,20	64,00	18,80	—	—	—
520,00 bis 524,99	168,70	66,50	20,80	—	—	—
525,00 bis 529,99	172,20	69,00	22,80	—	—	—
530,00 bis 534,99	175,70	71,50	24,80	—	—	—
535,00 bis 539,99	179,20	74,00	26,80	—	—	—
540,00 bis 544,99	182,70	76,50	28,80	—	—	—
545,00 bis 549,99	186,20	79,00	30,80	—	—	—

*) Zu berücksichtigen sind Unterhaltsleistungen des Schuldners gegenüber seinem Ehegatten, einem früheren Ehegatten, einem Verwandten oder der Mutter eines nichtehelichen Kindes nach §§ 1615l, 1615n des Bürgerlichen Gesetzbuchs.

Nettolohn wöchentlich	Pfändbarer Betrag bei Unterhaltspflicht*) für					
	0	1	2	3	4	5 und mehr Personen
	in DM					
550,00 bis 554,99	189,70	81,50	32,80	0,30	—	—
555,00 bis 559,99	193,20	84,00	34,80	1,80	—	—
560,00 bis 564,99	196,70	86,50	36,80	3,30	—	—
565,00 bis 569,99	200,20	89,00	38,80	4,80	—	—
570,00 bis 574,99	203,70	91,50	40,80	6,30	—	—
575,00 bis 579,99	207,20	94,00	42,80	7,80	—	—
580,00 bis 584,99	210,70	96,50	44,80	9,30	—	—
585,00 bis 589,99	214,20	99,00	46,80	10,80	—	—
590,00 bis 594,99	217,70	101,50	48,80	12,30	—	—
595,00 bis 599,99	221,20	104,00	50,80	13,80	—	—
600,00 bis 604,99	224,70	106,50	52,80	15,30	—	—
605,00 bis 609,99	228,20	109,00	54,80	16,80	—	—
610,00 bis 614,99	231,70	111,50	56,80	18,30	—	—
615,00 bis 619,99	235,20	114,00	58,80	19,80	—	—
620,00 bis 624,99	238,70	116,50	60,80	21,30	—	—
625,00 bis 629,99	242,20	119,00	62,80	22,80	—	—
630,00 bis 634,99	245,70	121,50	64,80	24,30	—	—
635,00 bis 639,99	249,20	124,00	66,80	25,80	1,00	—
640,00 bis 644,99	252,70	126,50	68,80	27,30	2,00	—
645,00 bis 649,99	256,20	129,00	70,80	28,80	3,00	—
650,00 bis 654,99	259,70	131,50	72,80	30,30	4,00	—
655,00 bis 659,99	263,20	134,00	74,80	31,80	5,00	—
660,00 bis 664,99	266,70	136,50	76,80	33,30	6,00	—
665,00 bis 669,99	270,20	139,00	78,80	34,80	7,00	—
670,00 bis 674,99	273,70	141,50	80,80	36,30	8,00	—
675,00 bis 679,99	277,20	144,00	82,80	37,80	9,00	—
680,00 bis 684,99	280,70	146,50	84,80	39,30	10,00	—
685,00 bis 689,99	284,20	149,00	86,80	40,80	11,00	—
690,00 bis 694,99	287,70	151,50	88,80	42,30	12,00	—
695,00 bis 699,99	291,20	154,00	90,80	43,80	13,00	—
700,00 bis 704,99	294,70	156,50	92,80	45,30	14,00	—
705,00 bis 709,99	298,20	159,00	94,80	46,80	15,00	—
710,00 bis 714,99	301,70	161,50	96,80	48,30	16,00	—
715,00 bis 719,99	305,20	164,00	98,80	49,80	17,00	0,40
720,00 bis 724,99	308,70	166,50	100,80	51,30	18,00	0,90
725,00 bis 729,99	312,20	169,00	102,80	52,80	19,00	1,40
730,00 bis 734,99	315,70	171,50	104,80	54,30	20,00	1,90
735,00 bis 739,99	319,20	174,00	106,80	55,80	21,00	2,40
740,00 bis 744,99	322,70	176,50	108,80	57,30	22,00	2,90
745,00 bis 749,99	326,20	179,00	110,80	58,80	23,00	3,40
750,00 bis 754,99	329,70	181,50	112,80	60,30	24,00	3,90
755,00 bis 759,99	333,20	184,00	114,80	61,80	25,00	4,40
760,00 bis 764,99	336,70	186,50	116,80	63,30	26,00	4,90
765,00 bis 769,99	340,20	189,00	118,80	64,80	27,00	5,40
770,00 bis 774,99	343,70	191,50	120,80	66,30	28,00	5,90
775,00 bis 779,99	347,20	194,00	122,80	67,80	29,00	6,40
780,00 bis 784,99	350,70	196,50	124,80	69,30	30,00	6,90
785,00 bis 789,99	354,20	199,00	126,80	70,80	31,00	7,40
790,00 bis 794,99	357,70	201,50	128,80	72,30	32,00	7,90
795,00 bis 799,99	361,20	204,00	130,80	73,80	33,00	8,40
800,00 bis 804,99	364,70	206,50	132,80	75,30	34,00	8,90
805,00 bis 809,99	368,20	209,00	134,80	76,80	35,00	9,40
810,00 bis 814,99	371,70	211,50	136,80	78,30	36,00	9,90
815,00 bis 819,99	375,20	214,00	138,80	79,80	37,00	10,40
820,00 bis 824,99	378,70	216,50	140,80	81,30	38,00	10,90

*) Zu berücksichtigen sind Unterhaltsleistungen des Schuldners gegenüber seinem Ehegatten, einem früheren Ehegatten, einem Verwandten oder der Mutter eines nichtehelichen Kindes nach §§ 1615l, 1615n des Bürgerlichen Gesetzbuchs.

Nettolohn wöchentlich	Pfändbarer Betrag bei Unterhaltspflicht*) für					
	0	1	2	3	4	5 und mehr Personen
	in DM					
825,00 bis 829,99	382,20	219,00	142,80	82,80	39,00	11,40
830,00 bis 834,99	385,70	221,50	144,80	84,30	40,00	11,90
835,00 bis 839,99	389,20	224,00	146,80	85,80	41,00	12,40
840,00 bis 844,99	392,70	226,50	148,80	87,30	42,00	12,90
845,00 bis 849,99	396,20	229,00	150,80	88,80	43,00	13,40
850,00 bis 854,99	399,70	231,50	152,80	90,30	44,00	13,90
855,00 bis 859,99	403,20	234,00	154,80	91,80	45,00	14,40
860,00 bis 864,99	406,70	236,50	156,80	93,30	46,00	14,90
865,00 bis 869,99	410,20	239,00	158,80	94,80	47,00	15,40
870,00 bis 874,99	413,70	241,50	160,80	96,30	48,00	15,90
875,00 bis 876,00	417,20	244,00	162,80	97,80	49,00	16,40
Der Mehrbetrag über 876,00 DM ist voll pfändbar.						

*) Zu berücksichtigen sind Unterhaltsleistungen des Schuldners gegenüber seinem Ehegatten, einem früheren Ehegatten, einem Verwandten oder der Mutter eines nichtehelichen Kindes nach §§ 1615l, 1615n des Bürgerlichen Gesetzbuchs.

Nettolohn täglich	Pfändbarer Betrag bei Unterhaltspflicht*) für					
	0	1	2	3	4	5 und mehr Personen
	in DM					
bis 55,99	—	—	—	—	—	—
56,00 bis 56,99	0,14	—	—	—	—	—
57,00 bis 57,99	0,84	—	—	—	—	—
58,00 bis 58,99	1,54	—	—	—	—	—
59,00 bis 59,99	2,24	—	—	—	—	—
60,00 bis 60,99	2,94	—	—	—	—	—
61,00 bis 61,99	3,64	—	—	—	—	—
62,00 bis 62,99	4,34	—	—	—	—	—
63,00 bis 63,99	5,04	—	—	—	—	—
64,00 bis 64,99	5,74	—	—	—	—	—
65,00 bis 65,99	6,44	—	—	—	—	—
66,00 bis 66,99	7,14	—	—	—	—	—
67,00 bis 67,99	7,84	—	—	—	—	—
68,00 bis 68,99	8,54	—	—	—	—	—
69,00 bis 69,99	9,24	—	—	—	—	—
70,00 bis 70,99	9,94	—	—	—	—	—
71,00 bis 71,99	10,64	—	—	—	—	—
72,00 bis 72,99	11,34	—	—	—	—	—
73,00 bis 73,99	12,04	—	—	—	—	—
74,00 bis 74,99	12,74	—	—	—	—	—
75,00 bis 75,99	13,44	—	—	—	—	—
76,00 bis 76,99	14,14	—	—	—	—	—
77,00 bis 77,99	14,84	—	—	—	—	—
78,00 bis 78,99	15,54	0,30	—	—	—	—
79,00 bis 79,99	16,24	0,80	—	—	—	—
80,00 bis 80,99	16,94	1,30	—	—	—	—
81,00 bis 81,99	17,64	1,80	—	—	—	—
82,00 bis 82,99	18,34	2,30	—	—	—	—
83,00 bis 83,99	19,04	2,80	—	—	—	—
84,00 bis 84,99	19,74	3,30	—	—	—	—
85,00 bis 85,99	20,44	3,80	—	—	—	—
86,00 bis 86,99	21,14	4,30	—	—	—	—
87,00 bis 87,99	21,84	4,80	—	—	—	—
88,00 bis 88,99	22,54	5,30	—	—	—	—
89,00 bis 89,99	23,24	5,80	—	—	—	—
90,00 bis 90,99	23,94	6,30	—	—	—	—
91,00 bis 91,99	24,64	6,80	—	—	—	—
92,00 bis 92,99	25,34	7,30	—	—	—	—
93,00 bis 93,99	26,04	7,80	—	—	—	—
94,00 bis 94,99	26,74	8,30	0,16	—	—	—
95,00 bis 95,99	27,44	8,80	0,56	—	—	—
96,00 bis 96,99	28,14	9,30	0,96	—	—	—
97,00 bis 97,99	28,84	9,80	1,36	—	—	—
98,00 bis 98,99	29,54	10,30	1,76	—	—	—
99,00 bis 99,99	30,24	10,80	2,16	—	—	—
100,00 bis 100,99	30,94	11,30	2,56	—	—	—
101,00 bis 101,99	31,64	11,80	2,96	—	—	—
102,00 bis 102,99	32,34	12,30	3,36	—	—	—
103,00 bis 103,99	33,04	12,80	3,76	—	—	—
104,00 bis 104,99	33,74	13,30	4,16	—	—	—
105,00 bis 105,99	34,44	13,80	4,56	—	—	—
106,00 bis 106,99	35,14	14,30	4,96	—	—	—
107,00 bis 107,99	35,84	14,80	5,36	—	—	—
108,00 bis 108,99	36,54	15,30	5,76	—	—	—
109,00 bis 109,99	37,24	15,80	6,16	—	—	—

*) Zu berücksichtigen sind Unterhaltsleistungen des Schuldners gegenüber seinem Ehegatten, einem früheren Ehegatten, einem Verwandten oder der Mutter eines nichtehelichen Kindes nach §§ 1615l, 1615n des Bürgerlichen Gesetzbuchs.

Nettolohn täglich	Pfändbarer Betrag bei Unterhaltspflicht*) für					
	0	1	2	3	4	5 und mehr Personen
	in DM					
110,00 bis 110,99	37,94	16,30	6,56	0,06	—	—
111,00 bis 111,99	38,64	16,80	6,96	0,36	—	—
112,00 bis 112,99	39,34	17,30	7,36	0,66	—	—
113,00 bis 113,99	40,04	17,80	7,76	0,96	—	—
114,00 bis 114,99	40,74	18,30	8,16	1,26	—	—
115,00 bis 115,99	41,44	18,80	8,56	1,56	—	—
116,00 bis 116,99	42,14	19,30	8,96	1,86	—	—
117,00 bis 117,99	42,84	19,80	9,36	2,16	—	—
118,00 bis 118,99	43,54	20,30	9,76	2,46	—	—
119,00 bis 119,99	44,24	20,80	10,16	2,76	—	—
120,00 bis 120,99	44,94	21,30	10,56	3,06	—	—
121,00 bis 121,99	45,64	21,80	10,96	3,36	—	—
122,00 bis 122,99	46,34	22,30	11,36	3,66	—	—
123,00 bis 123,99	47,04	22,80	11,76	3,96	—	—
124,00 bis 124,99	47,74	23,30	12,16	4,26	—	—
125,00 bis 125,99	48,44	23,80	12,56	4,56	—	—
126,00 bis 126,99	49,14	24,30	12,96	4,86	—	—
127,00 bis 127,99	49,84	24,80	13,36	5,16	0,20	—
128,00 bis 128,99	50,54	25,30	13,76	5,46	0,40	—
129,00 bis 129,99	51,24	25,80	14,16	5,76	0,60	—
130,00 bis 130,99	51,94	26,30	14,56	6,06	0,80	—
131,00 bis 131,99	52,64	26,80	14,96	6,36	1,00	—
132,00 bis 132,99	53,34	27,30	15,36	6,66	1,20	—
133,00 bis 133,99	54,04	27,80	15,76	6,96	1,40	—
134,00 bis 134,99	54,74	28,30	16,16	7,26	1,60	—
135,00 bis 135,99	55,44	28,80	16,56	7,56	1,80	—
136,00 bis 136,99	56,14	29,30	16,96	7,86	2,00	—
137,00 bis 137,99	56,84	29,80	17,36	8,16	2,20	—
138,00 bis 138,99	57,54	30,30	17,76	8,46	2,40	—
139,00 bis 139,99	58,24	30,80	18,16	8,76	2,60	—
140,00 bis 140,99	58,94	31,30	18,56	9,06	2,80	—
141,00 bis 141,99	59,64	31,80	18,96	9,36	3,00	—
142,00 bis 142,99	60,34	32,30	19,36	9,66	3,20	—
143,00 bis 143,99	61,04	32,80	19,76	9,96	3,40	0,08
144,00 bis 144,99	61,74	33,30	20,16	10,26	3,60	0,18
145,00 bis 145,99	62,44	33,80	20,56	10,56	3,80	0,28
146,00 bis 146,99	63,14	34,30	20,96	10,86	4,00	0,38
147,00 bis 147,99	63,84	34,80	21,36	11,16	4,20	0,48
148,00 bis 148,99	64,54	35,30	21,76	11,46	4,40	0,58
149,00 bis 149,99	65,24	35,80	22,16	11,76	4,60	0,68
150,00 bis 150,99	65,94	36,30	22,56	12,06	4,80	0,78
151,00 bis 151,99	66,64	36,80	22,96	12,36	5,00	0,88
152,00 bis 152,99	67,34	37,30	23,36	12,66	5,20	0,98
153,00 bis 153,99	68,04	37,80	23,76	12,96	5,40	1,08
154,00 bis 154,99	68,74	38,30	24,16	13,26	5,60	1,18
155,00 bis 155,99	69,44	38,80	24,56	13,56	5,80	1,28
156,00 bis 156,99	70,14	39,30	24,96	13,86	6,00	1,38
157,00 bis 157,99	70,84	39,80	25,36	14,16	6,20	1,48
158,00 bis 158,99	71,54	40,30	25,76	14,46	6,40	1,58
159,00 bis 159,99	72,24	40,80	26,16	14,76	6,60	1,68
160,00 bis 160,99	72,94	41,30	26,56	15,06	6,80	1,78
161,00 bis 161,99	73,64	41,80	26,96	15,36	7,00	1,88
162,00 bis 162,99	74,34	42,30	27,36	15,66	7,20	1,98
163,00 bis 163,99	75,04	42,80	27,76	15,96	7,40	2,08
164,00 bis 164,99	75,74	43,30	28,16	16,26	7,60	2,18

*) Zu berücksichtigen sind Unterhaltsleistungen des Schuldners gegenüber seinem Ehegatten, einem früheren Ehegatten, einem Verwandten oder der Mutter eines nichtehelichen Kindes nach §§ 1615l, 1615n des Bürgerlichen Gesetzbuchs.

Nettolohn täglich	Pfändbarer Betrag bei Unterhaltspflicht*) für					
	0	1	2	3	4	5 und mehr Personen
	in DM					
165,00 bis 165,99	76,44	43,80	28,56	16,56	7,80	2,28
166,00 bis 166,99	77,14	44,30	28,96	16,86	8,00	2,38
167,00 bis 167,99	77,84	44,80	29,36	17,16	8,20	2,48
168,00 bis 168,99	78,54	45,30	29,76	17,46	8,40	2,58
169,00 bis 169,99	79,24	45,80	30,16	17,76	8,60	2,68
170,00 bis 170,99	79,94	46,30	30,56	18,06	8,80	2,78
171,00 bis 171,99	80,64	46,80	30,96	18,36	9,00	2,88
172,00 bis 172,99	81,34	47,30	31,36	18,66	9,20	2,98
173,00 bis 173,99	82,04	47,80	31,76	18,96	9,40	3,08
174,00 bis 174,99	82,74	48,30	32,16	19,26	9,60	3,18
175,00 bis 175,20	83,44	48,80	32,56	19,56	9,80	3,28
Der Mehrbetrag über 175,20 DM ist voll pfändbar.						

*) Zu berücksichtigen sind Unterhaltsleistungen des Schuldners gegenüber seinem Ehegatten, einem früheren Ehegatten, einem Verwandten oder der Mutter eines nichtehelichen Kindes nach §§ 1615l, 1615n des Bürgerlichen Gesetzbuchs.

Gehen wir einmal davon aus, daß Susi Sorglos alleinerziehend ist und ein Kleinkind zu versorgen hat sowie keine Unterhaltszahlung erhält.
Sie erzielt als vollzeitbeschäftigte Angestellte ein monatliches Nettoeinkommen von 2.000,00 DM. Danach ist nach der Tabelle ein Betrag von 161,50 DM monatlich pfändbar. Wenn sich die Einkommensverhältnisse nicht verändern und Susi Sorglos auch keine weiteren Einkünfte erzielt, wird sie in sieben Jahren einen Betrag von sieben Jahren X 12 Monate X 161,50 DM=13.566,00 DM zahlen können. Handelt es sich bei Susi Sorglos um einen „Altfall", so müßte sie nur fünf Jahre lang die pfändbaren Teile des Arbeitseinkommens einsetzen und müßte dann nur 9.690,00 DM einsetzen.

Von diesen Beträgen kann zunächst ausgegangen und der Versuch einer außergerichtlichen Einigung vorangetrieben werden.

An dieser Stelle muß nochmals darauf hingewiesen werden, daß genau zu prüfen ist, ob es sich bei dem Schuldner um einen Altfall oder um einen Neufall handelt.
Es kommt auf den Zeitpunkt der Zahlungsunfähigkeit an. Zahlungsunfähigkeit bedeutet, daß der Schuldner nicht mehr in der Lage war, alle seine fälligen Zahlungsverpflichtungen zu erfüllen (§ 17 Insolvenzordnung).
Dies wird in der Regel der Fall sein und auch vom Gericht

angenommen werden, wenn ein Schuldner seine Zahlungen eingestellt hat. Wenn also der Schuldner vor dem 1.1.1997 seine Verbindlichkeiten nicht mehr (vollständig) begleichen konnte, gilt er als Altfall.

Problematisch wird diese Situation nur dann, wenn einer der Gläubiger bei einem Altfall darauf hinweist, daß über den 1.1.1997 hinaus der Schuldner ja noch Zahlungen geleistet habe und daher gar nicht zahlungsunfähig gewesen sei. Das Interesse des Gläubigers geht natürlich dahin, möglichst lange an den pfändbaren Einkommensanteilen des Schuldners zu partizipieren.

Es ist daher wichtig, Unterlagen zu beschaffen, um gegebenenfalls nachweisen zu können, daß schon vor dem 1. Januar 1997 die gesamten Zahlungsverpflichtungen nicht mehr erfüllt werden konnten. Das kann beispielsweise durch ein Gerichtsvollzieherprotokoll oder einen Einkommensnachweis und eine Aufstellung der damals fälligen Forderung geschehen.

Werden hinsichtlich dieser Punkte falsche Angaben gemacht und beruft sich ein Schuldner auf eine Altfallregelung, obwohl ihm diese nicht zugute kommen darf, kann dies eine Betrugsanzeige zur Folge haben und - was sicherlich ebenso nachteilig ist - die Restschuldbefreiung im gerichtlichen Verfahren versagt werden.

TIP: Im Zweifelsfall besser nicht auf die Altfallregelung und die fünf Jahre berufen, sondern lieber sieben Jahre als Zahlungsperiode in Kauf nehmen.

Nun muß auf folgendes hinsichtlich des Verteilungsverfahrens aufmerksam gemacht werden: Bei Altfällen werden die Pfändungsbeträge auf die Dauer von fünf Jahren an die Gläubiger verteilt und zwar zwei Jahre nur an Abtretungsgläubiger mit wirksamer Abtretung und drei Jahre an alle Gläubiger nach Abzug von fünf Prozent, die der Treuhänder erhält.

Bei neuen Fällen werden die Pfändungsbeträge auf die Dauer von sieben Jahren an die Gläubiger verteilt und zwar drei Jahre ausschließlich an Abtretungsgläubiger mit wirksamer Abtretung und vier Jahre an alle Gläubiger nach Abzug von fünf Prozent, die der Treuhänder erhält sowie nach Abzug der Durchhalteprämien für den Schuldner.

Susi Sorglos könnte also wie folgt an alle ihre Gläubiger schreiben:

Susi Sorglos
Hoffnungstraße 7

00000 Freistadt

Galactic Bank
Monetastraße 999

00000 Geldhausen

Vergleichsvorschlag auf der Grundlage der Insolvenzordnung
Ihr Zeichen: AA/BB

Sehr geehrte Damen und Herren,

ich beziehe mich zunächst auf die Vorschriften des geltenden Insolvenzrechtes und bitte Sie, zur Vermeidung eines teuren gerichtlichen Insolvenzverfahrens einer vergleichsweisen und endgültigen Regelung der Angelegenheit zuzustimmen.

Ich füge diesem Schreiben bei:

1. Gläubiger- und Forderungverzeichnis

2. Vermögensverzeichnis und Einkommensnachweis

3. Vorschlag zur Schuldenbereinigung und Berechnung der zu verteilenden Beträge

4. Zahlungsplan mit Zahlungsterminen

Ich kann durch das in Kopie ebenfalls beigefügte Protokoll der Zwangsvollstreckung durch Herrn Gerichtsvollzieher Kai Kralle vom 09.09.1996 nachweisen, daß schon zum damaligen Zeitpunkt Pfändungen aussichtslos und erfolglos waren. Ich war daher nachweislich vor dem 01. Januar 1997 zahlungsunfähig, weshalb ich verpflichtet bin, die pfändbaren Beträge auf die Dauer von fünf Jahren an die Gläubiger abzuführen.

Als Insolvenzgläubiger steht Ihnen bei Durchführung des Insolvenzverfahrens ein Betrag zu, der dem Anteil Ihrer Forderung an der Gesamtforderung entspricht. Dies sind in Ihrem Falle 35 %.

Eine Vorausschau ergibt, daß ich bei einem Einkommen von 2.000,00 DM und einer Unterhaltsverpflichtung für meine 7-jährige Tochter Sissi Sorglos und bei unveränderten Einkommensverhältnissen aus den jeweils pfändbaren Beträgen in Höhe von monatlich 161,50 DM insgesamt einen Betrag von 9.690 DM zahlen müßte. Ich biete Ihnen daher an, die jeweils monatlich pfändbaren Beträge mit einer Quote von 35 % an Sie zu zahlen. Die Abwicklung soll so erfolgen, daß die pfändbaren Beträge zum Jahresende verteilt werden, erstmals zum 31.12.1999. Auf Sie würde dann ein Betrag von 678,30 DM entfallen (gemäß folgender Berechnung: 12 Monate x 161,50 DM pfändbarer Betrag x 35 % = 678,30 DM)

Dies kann nur unter der Voraussetzung geschehen, daß auf weitergehende Forderungen von Ihnen schriftlich verzichtet wird. Umgekehrt werde ich Ihnen regelmäßig einen Einkommensnachweis vorlegen und werde bei einer Veränderung meines Nettoeinkommens um mehr als 100,00 DM nach oben oder unten die Zahlungen anpassen.

Verwertbares Vermögen liegt nicht vor. Eine vergleichsweise Ablösung der Schulden kann nur dann zustande kommen, wenn alle Gläubiger dem Schuldenbereinigungsplan zustimmen.

Mit freundlichen Grüßen

Susi Sorglos

Alle anderen Gläubiger ohne wirksame Abtretung erhalten gleichzeitig ein gleichlautendes Schreiben, wobei natürlich Adressen, Geschäftsnummer und die errechneten Quoten sowie alle Zahlen anzupassen sind.

Wichtig ist, daß dieses Schreiben nur dann an alle Gläubiger versandt werden kann, wenn keine vorrangigen Gläubiger vorhanden sind, also niemand eine wirksame Abtretung geltend machen kann.
Abtretungen sind dem Schuldner oft gar nicht mehr erinnerlich. Denn gelegentlich werden Lohn- und Gehaltsansprüche an Banken, Versicherungen oder auch an andere Gläubiger abgetreten, um ein Darlehen oder einen sonstigen Vorschuß zu besichern. Auch bei von Inkassounternehmen oder Rechtsanwälten ausgehandelten Teilzahlungsvergleichen ist regelmäßig eine Abtretung der Lohn- und Gehaltsansprüche - sicherungshalber - enthalten.Wenn diese Abtretungen formwirksam sind und der strengen Prüfung im Insovenzverfahren standhalten, wird diese Forderung in den ersten Jahren des Insolvenzverfahrens alleine und vorrangig bedient. Dies muß natürlich bei der Berechnung des Betrages, der an die übrigen Gläubiger ausgezahlt werden kann, berücksichtigt werden.

Kann die Galactic Bank sich dabei auf die Abtretung berufen, müßte das Schreiben entsprechend abgeändert werden und könnte etwa wie folgt lauten:

Susi Sorglos
Hoffnungstraße 7

00000 Freistadt

Galactic Bank
Monetastraße 999

00000 Geldhausen

Vorschlag zur Schulden-Regelung auf der Grundlage der Insolvenzordnung.
Ihr Zeichen: AA/BB

Sehr geehrte Damen und Herren,

ich beziehe mich zunächst auf die Vorschriften des geltenden Insolvenzrechtes und bitte Sie, zur Vermeidung eines teuren gerichtlichen Insolvenzverfahrens eine außergerichtliche, vergleichsweise und endgültige Regelung der Angelegenheit zuzustimmen. Ich füge diesem Schreiben bei:

1. Gläubiger- und Forderungsverzeichnis

2. Vermögensverzeichnis und Einkommensnachweis

3. Vorschlag zur Schuldenbereinigung und Berechnung der zu verteilenden Beträge

4. Einen Zahlungsplan mit Terminen

Ich kann durch das in Kopie ebenfalls beigefügte Protokoll der Zwangsvollstreckung durch Herrn Gerichtsvollzieher Kai Kralle vom 09.09.1996 nachweisen, daß ich schon zum damaligen Zeitpunkt pfandlos war. Ich war daher nachweislich bereits vor dem 01. Januar zahlungsunfähig, weshalb ich nur verpflichtet bin, die pfändbaren Beträge auf die Dauer von fünf Jahren an die Gläubiger abzuführen. Verwertbares Vermögen liegt nicht vor.

Als vorrangige Abtretungsgläubigerin erhalten Sie die gemäß § 850 c, f, ZPO pfändbaren Beträge und zwar bis zur Eröffnung eines Insolvenzverfahrens, das ab Juli 1999 beginnen wird, weiter. Sie erhalten also vom 01.07.1999 bis zum 30.06.2001 die jeweils pfändbaren Beträge allein und vor allen anderen Gläubigern. Wegen meiner Zahlungsunfähigkeit bereits vor dem 01.01.1997 sind die pfändbaren Beträge nur für zwei Jahre an Sie abzuführen (Art. 107 EGInsO). Diese betragen monatlich 161,50 DM. Für die nächsten drei Jahre nach Ablauf der ersten beiden würden Sie bei einem Insolvenzverfahren den Betrag erhalten, der dem Anteil Ihrer Forderung an der Gesamtforderung entspricht. Dies sind in Ihrem Fall 35 %, was einem monatlichen Betrag von rund 56,00 DM entsprechen würde.

Verbessert oder verschlechtert sich mein Nettoeinkommen um mehr als 100,00 DM, wird der Betrag entsprechend den dann geltenden Pfändungsfreibeträgen angepaßt.

Ich bin bereit, die Ihnen zustehenden und eben errechneten Beträge in den ersten beiden Jahren monatlich an Sie zu überweisen, in den darauffolgenden Jahren jeweils insgesamt zum Ende eines Jahres, dies jedoch nur dann, wenn Sie Ihrerseits auf die darüber hinausgehenden Beträge verzichten.

Außerdem werde ich Ihnen am Jahresende mein Einkommen für das vorhergehende Jahr nachweisen und für die Höhe der an Sie abzuführenden Beträge maßgebliche Änderungen in meinen Verhalten unverzüglich mitteilen.

Mit freundlichen Grüßen

Susi Sorglos

Der Schuldner muß hier beachten, daß eine Lohnabtretung so lange weiterläuft, wie das Insolvenzverfahren noch nicht begonnen hat. Erst ab Eröffnung eines Insolvenzverfahrens beginnt die zweijährige Frist zu laufen. Wenn also Unterlagen fehlen oder nicht beigebracht werden können, verzögert dies die Prüfung des Gerichtes, was Zeit kostet und letztlich jeden Monat dem Abtretungsgläubiger einen Vorteil bringt. Deswegen gleich von Anfang an möglichst alle Unterlagen bereit und immer aktuell halten und auf Schreiben des Gerichtes sofort reagieren.

TIP: Halten Sie Ihre Unterlagen jederzeit bereit und auf dem neuesten Stand!
Unterlagen immer komplettieren!
Sofort auf Schreiben des Gerichtes oder anderer Stellen oder der Gläubiger reagieren!

Denkbar ist natürlich auch, daß in geeigneten Fällen und bei relativ geringen Verbindlichkeiten und trotzdem vorliegender Zahlungsunfähigkeit durch eine Einmalzahlung Schuldenregulierung erreicht werden kann. Der Vorschlag muß sich daran orientieren, was die Gläubiger bei Durchführung eines Insolvenzverfahrens in fünf oder sieben Jahren insgesamt erhalten könnten, die entsprechende Berechnung muß angestellt und ein Vergleichsvorschlag unterbreitet werden.

Susi Sorglos könnte also wie folgt schreiben:

Susi Sorglos
Hoffnungstraße 7

00000 Freistadt

Galactic Bank
Vollstreckungsabteilung
Herrn Rigo Roos
Kassier-Straße 13

00000 Zahl an der Nur

Vergleichsvorschlag zur Vermeidung eines Insolvenzverfahrens
Ihr Zeichen:

Sehr geehrter Herr Roos,

ich verfüge über ein geringes Einkommen und bin meiner Tochter, Sissi Sorglos, unterhaltspflichtig.

Ich habe insgesamt Verbindlichkeiten in Höhe von 100.000,00 DM bei fünf Gläubigern und habe nachgerechnet, welche Beträge sie bei der Durchführung eines Insolvenzverfahrens erhalten könnten. Dieses Verfahren ist teuer und belastet Sie mit Buchhaltungsarbeiten.

Nach meiner Berechnung würden Sie in den fünf Jahren des Insolvenzverfahrens entsprechend dem Anteil Ihrer Forderung an der Gesamtforderung einen Betrag von ca. 3.390,00 DM in 60 Teilbeträgen erhalten.

Ich schlage Ihnen daher vor, zur Ablösung der gesamten Forderung an Sie einen Betrag von 3.000,00 DM sofort zu zahlen. Sie müßten mir dann schriftlich bestätigen, daß mit der Zahlung dieses Betrages sämtliche Forderungen abgelöst und erloschen sind.

Ich weise darauf hin, daß ich selbst verwertbares Vermögen nicht habe.

Den insgesamt zur Ablösung notwendigen Betrag zur Befriedigung aller Gläubiger erhalte ich als Privatdarlehen von meiner Großmutter, Sahra Sorgsam, allerdings zweckgebunden und nur für den Fall, daß mit allen Gläubigern eine Einigung gefunden wird und ich nach der Zahlung des Ablösungsvertrages schuldenfrei bin.

Ich hoffe, Sie können sich mit meinem Vorschlag einverstanden erklären.

Mit freundlichen Grüßen

Susi Sorglos

Es kann auch sein, daß nur ein einziger Gläubiger Forderungen stellt. Auch in diesem Falle ist ein Insolvenzverfahren durchführbar, nämlich dann, wenn in der Zeit von fünf oder sieben Jahren bei Verwertung aller pfändbaren Einkünfte die Gesamtforderung nicht beglichen werden kann. Hätte Susi Sorglos in dem Beispielfall also nur die Forderung der Galactic Bank zu zahlen, wäre dennoch im Hinblick auf die monatlichen pfändbaren Beträge von 161,50 DM ein Insolvenzverfahren zweckmäßig und würde zur Schuldenbefreiung nach fünf bzw. sieben Jahren führen. Anderenfalls müßte bei einer Ratenhöhe von 161,50 DM viel länger an die Bank zurückgezahlt werden.

Auch wenn das pfändbare Einkommen ausreicht, innerhalb von fünf oder sieben Jahren die Forderung zu begleichen, kann die Durchführung eines Insolvenzverfahrens zweckmäßig sein. Dies ist dann der Fall, wenn eine relativ hohe Forderung nicht sofort bezahlt werden kann und der Gläubiger nicht auf Ratenzahlungen eingeht.

Zu beachten sind jedoch immer die hohen Kosten eines Insolvenzverfahrens, die immer von dritter Seite bezahlt werden müssen oder dem unpfändbaren Einkommen entnommen werden müssen. Ob ein Insolvenzverfahren zweckmäßig ist, muß also immer durch eine Vorausschau über die pfändbaren Beträge während fünf oder sieben Jahren und Hinzunahme der Kosten des Verfahrens von mindestens 3.000 DM geprüft werden. Ergibt sich dabei eine niedrigere Gesamtsumme als die der Forderung und besteht Zahlungsunfähigkeit, so sollte ein Insolvenzverfahren eingeleitet werden. Vergleichsverhandlungen sind nicht einfach, aber in der Regel lohnend und ersparen viel Arbeit und viele Probleme. Bevor Sie einen Vergleich vorbereiten und abschließen, sollten Sie unbedingt an folgende Dinge denken:

1. Raten dürfen nur dann an einen Gläubiger gezahlt werden, wenn zuvor alle anderen Gläubiger ebenfalls einer Ratenzahlungsvereinbarung zugestimmt haben.

2. Überprüfen Sie, ob das Einkommen, welches Sie einsetzen, nicht die Grenzen der Sozialhilfe unterschreitet, wenn sie den Vergleich abschließen.

3. Sichern Sie die Finanzierbarkeit eines gerichtlichen Insolvenzverfahrens durch Ansparen oder Vereinbarung mit Verwandten oder sonstigen Geldgebern.

4. Überprüfen Sie nochmals, ob die Gläubigerforderungen richtig berechnet und insgesamt berechtigt sind.

5. Stellen Sie sicher, daß nicht durch Zwangsvollstreckungsmaßnahmen einzelner Gläubiger der gesamte Vergleich

gefährdet wird. Sichern Sie sich ab, wenn die Vergeichsvorschläge an die Gläubiger eine fünfjährige Laufzeit des Insolvenzverfahrens zugrunde legen und prüfen Sie nochmals, ob bei Ihnen tatsächlich ein „Altfall" vorliegt.

6. Wenn Sie nicht sicher sind, nehmen Sie die Hilfe von Fachleuten in Anspruch

TIP: Wenn viele Gläubiger vorhanden sind, aber nur wenige dem Vergleichsvorschlag nicht zustimmen, schreiben Sie die Gläubigerminderheit nochmals an und setzen Sie nun hinzu, daß das Insolvenzgericht gegebenenfalls die bisher fehlende Zustimmung der restlichen Gläubiger ersetzen wird.

Sichern Sie die Finanzierung des Insolvenzverfahrens durch Beschaffung von Fremdmitteln oder Ansparungen ab. Wehren Sie sich in geeigneter Weise gegen Zwangsvollstreckungsmaßnahmen.

Lassen Sie keinen Zweifel daran, daß Sie bei einem Scheitern der Vergleichsverhandlungen ein gerichtliches Insolvenzverfahren beantragen werden. Prüfen Sie genau, ob die Gläubigerforderungen korrekt berechnet sind (Kosten, Zinsen, Verjährung, Abtretung). Argumentieren Sie, daß die dem

Gläubiger entstehenden Anwaltsgebühren und sonstigen Kosten bei Fortsetzung der Zwangsvollstreckung erheblich sind und weisen Sie darauf hin, daß die Kosten nicht vom Schuldner ersetzt werden müssen.

TIP: Zahlen Sie Raten nur dann an irgendeinen Gläubiger, wenn eine verbindliche Einigung mit ALLEN Gläubigern erreicht wurde.

Oftmals laufen aber während der außergerichtlichen Vergleichsverhandlungen schon Zwangsvollstreckungsmaßnahmen. Hier kann man durch einen kurzen formlosen Brief darum bitten, daß einstweilen bis zur Einigung mit allen Gläubigern oder zur Einleitung des Insolvenzverfahrens nicht weiter vollstreckt wird. Vollstreckungsmaßnahmen sind in dieser Phase des Verfahrens aber noch zulässig.
Gelegentlich wird ein Gläubiger unredlicherweise versuchen, den Schuldner zu einem ungünstigen außergerichtlichen Vergleich zu veranlassen. Auch hier zahlt es sich wieder aus, wenn zuvor berechnet worden ist, welche Beträge insgesamt in einem Insolvenzverfahren an alle Gläubiger verteilt werden würden und welcher Betrag auf den jeweils einzelnen Gläubiger entfiele. Anhand dieser Zahlungen kann der Schuldner bestens überprüfen, ob er „ein Geschäft macht" oder draufzahlen soll.

TIP: Prüfen Sie jedes Vergleichsangebot, welches von Ihrem Angebot abweicht, sehr sorgfältig!

Um eine außergerichtliche Regelung herbeizuführen, muß alles vermieden werden, was Mißtrauen bei den Gläubigern veranlassen könnte.

Sorgen Sie also dafür, daß offen und vollständig Ihre tatsächlichen Einkommensverhältnisse und die Vermögenssituation klar dargestellt wird. Viele Schuldner werden sich fragen, ob wirklich alles bis zum letzten Hemd beim Vermögensverzeichnis angegeben werden muß. Dies ist grundsätzlich zu bejahen, und zwar einfach deshalb, um zu vermeiden, daß ein nicht aufgeführter Gegenstand - mit Ausnahme von beispielsweise Hausratsgegenständen - später von einem Gläubiger als fehlend moniert wird. Hieran kann das gesamte Insolvenzverfahren und die Restschuldbefreiung scheitern.

Lehnt ein Gläubiger den außergerichtlichen Vergleich ab und begründet dies mit Zweifeln an der Richtigkeit und Vollständigkeit der angegebenen Einkommens- und Vermögensverhältnisse, so kann der Schuldner anbieten, die Richtigkeit an Eides Statt zu versichern. Wenn ein Schuldner also nichts zu verbergen hat, kann er problemlos die Eidesstattliche Versicherung abgeben.

Lehnen nur wenige Gläubiger den Vergleichsvorschlag ab, können diese Gläubiger darauf hingewiesen werden, daß das Insolvenzgericht bei Durchführung eines Insolvenzverfahrens Einwendungen des Gläubigers gegen den vorgelegten Zahlungsplan ersetzen kann, wenn eine Kopf- und Summenmehrheit der Gläubiger den Plan annimmt.

Voraussetzung ist also, daß der „störende" Gläubiger weniger als die Hälfte aller Forderungen vertritt (= Kopfminderheit) und **zusätzlich** seine Forderungen weniger als die Hälfte der Gesamtverschuldung ausmacht (= Summenminderheit). In unserem Beispielsfall der Susi Sorglos kann also keiner der fünf Gläubiger jeweils für sich alleine einen Schuldenbereinigungsplan vereiteln. Auch die Galacticbank als größter Gläubiger kann sich nicht sperren, wenn die übrigen Gläubiger mit der vorgeschlagenen Schuldenbereinigung einverstanden sind. Dies kann durchaus im Vorfeld den betroffenen Gläubigern schriftlich verdeutlicht werden, wobei ein Anspruch auf entsprechendes Verhalten des Gläubigers natürlich nicht besteht. Besteht aber ein Grund zur Annahme, daß auf einen entsprechenden Hinweis der Gläubiger sich umentscheiden wird, soll der Versuch einer Einigung unternommen werden, um eine gerichtliche Ersetzung der Zustimmung zu vermeiden.

Susi Sorglos könnte also in etwa wie folgt schreiben:

Susi Sorglos
Hoffnungstraße 7

00000 Freistadt

Galactic Bank
Monetastraße 999

00000 Geldhausen

Einvernehmliche außergerichtliche Schuldenregulierung
Ihr Zeichen: AA/BB

Sehr geehrte Damen und Herren,

bedauerlicherweise sind Sie mit meinem außergerichtlichen Vergleichsvorschlag nicht einverstanden. Ich würde natürlich lieber die Angelegenheit außergerichtlich beilegen als einen Antrag auf Eröffnung eines Insolvenzverfahrens zu stellen. Dies um so mehr, als nach meiner Einschätzung das Insolvenzgericht den Schuldenbereinigungsplan, den ich vorgelegt habe, genehmigen wird und Ihre Einwendungen nicht erfolgreich sein werden. Dies ist in meinem Fall deshalb so, weil bereits die meisten übrigen Gläubiger sich mit dem Vergleichsvorschlag einverstanden erklärt haben. Daher führt ein teures Insolvenzverfahren nur dazu, daß die Angelegenheit verzögert wird und Sie unter Umständen noch höhere Kosten als bisher haben.

Bitte lesen Sie die beiliegenden Schreiben der Gläubiger, die meinem Vorschlag zugestimmt haben und teilen Sie mir bitte bald mit, ob Sie sich vielleicht doch noch außergerichtlich mit mir einigen können.

Mit freundlichen Grüßen

Susi Sorglos

Alle außergerichtlichen Vergleichsbemühungen haben natürlich nur dann Sinn, wenn überhaupt an Gläubiger Beträge gezahlt werden können. Dies ist regelmäßig dann nicht mehr der Fall, wenn ein vorrangiger Gläubiger bereits erfolgreich gepfändet hat oder zu seinen Gunsten eine Abtretung besteht. Dieser Gläubiger wird sich nicht einigen wollen, weshalb hierüber die übrigen Gläubiger informiert werden müssen.

Es soll aber auch den günstigen Fall geben, daß alle Gläubiger zustimmen. Dann heißt es für den Schuldner:
Das Entgegenkommen der Gläubiger beim Abschluß eines außergerichtlichen Vergleiches muß durch pünktliche Zahlung und jederzeit korrektes Verhalten honoriert werden!

Erfüllt der Schuldner nämlich seine Zahlungsverpflichtungen nicht, führt dies unweigerlich dazu, daß die Gläubiger keinerlei Vergleichsbereitschaft mehr zeigen und die vergleichsweise Regelungen „kippen". Dann hat sich die Situation keineswegs verbessert, sondern im Gegenteil verschlechtert: Denn der Schuldner braucht nicht mehr den Versuch zu unternehmen, mit den einmal enttäuschten Gläubigern erneut eine Regelung herbeiführen zu wollen.

Ebenso wie bei der Vorbereitung des außergerichtlichen Vergleichsverfahrens sorgfältig geplant, gezählt und gerechnet werden mußte, muß nach Abschluß eines Vergleiches sehr sorgfältig darauf geachtet werden, daß jederzeit die Raten an die Gläubiger gezahlt werden können. Vielleicht ist es sogar möglich, kleine Rückstellungen zu bilden, um einen etwa eintretenden unvorhergesehenen Engpaß zu beseitigen.

B) Das gerichtliche Verfahren

Wenn trotz aller Bemühungen eine außergerichtliche Vereinbarung nicht zustande kommt, muß ein Antrag auf Eröffnung des Insolvenzverfahrens gestellt werden. Dies kann nur bei einem ausdrücklich hierfür vorgesehenen Amtsgericht geschehen. Der Schuldner sollte also beim nächsten Amtsgericht nachfragen, welches Gericht für ein Insolvenzverfahren zuständig ist.

Dann muß der Schuldner sich von einer geeigneten Institution (Schuldnerberatungsstelle, Rechtsanwalt, Steuerberater) bestätigen lassen, daß er sich außergerichtlich bemüht hat, einen Vergleich herbeizuführen und dieses Bemühen gescheitert ist.

Mit dieser Bescheinigung muß der Schuldner das zuständige Amtsgericht aufsuchen und das zuvor ausgefüllte, seitenlange Antragsformular vorlegen. (Das Formular sollte im Schreibwarenhandel erhältlich sein, Schuldnerberatungsstellen und das

Gericht können aber auch Formulare ausgeben.)

Eine wichtige Frist ist zu beachten:

Der Antrag auf Eröffnung des Insolvenzverfahrens muß innerhalb von sechs Monaten nach dem Scheitern des außergerichtlichen Einigungsversuches gestellt werden.

Maßgebender Zeitpunkt ist die Ablehnung des ersten Gläubigers, also der Eingang des ersten Ablehnungsschreibens.

TIP: Sechsmonatsfrist beachten - wenn nach der ersten Ablehnung eines außergerichtlichen Vergleichsvorschlages nicht innerhalb von sechs Monaten ein Antrag auf Eröffnung des Insolvenzverfahrens gestellt wird, muß das Verfahren von vorne begonnen werden!

Dann muß das Einkommens- und Vermögensverzeichnis (Formular) ebenso ausgefüllt werden wie ein Gläubigerverzeichnis erstellt und eine Forderungsaufstellung erarbeitet werden.

Hier zahlt sich sauberes vorgerichtliches Arbeiten aus, weil dann die Daten nach erneuter Prüfung nur in die offiziellen Formulare übernommen werden müssen.

TIP: Hier nochmals die Vollständigkeit und Richtigkeit aller Erklärungen genauestens überprüfen und belegen.

Danach muß erklärt werden, daß die Angaben richtig und vollständig sind und auf einem Antragsformular noch die Restschuldbefreiung beantragt werden.

Sollte eine Einigung bei dem Insolvenzgericht im Schuldenbereinigungsverfahren nicht zustande kommen, muß der Schuldner das komplette Verfahren durchlaufen und sich fünf Jahre bzw. sieben Jahre, wenn die Neufallregelung greift „wohlverhalten". Diese Wohlverhaltensperiode stellt an die finanziellen und persönlichen Leistungsfähigkeiten des Schuldners und gegebenenfalls seiner Familie höchste Anforderungen. Es ist nicht nur eine lange Zeit, sondern auch in finanzieller Hinsicht eine sehr schwierige Zeit, weil wirklich gespart werden muß und beispielsweise keine neuen Ratenzahlungsverträge eingegangen werden dürfen. Das Ziel, endgültig schuldenfrei zu sein, lohnt aber sicherlich jeden Aufwand. Sollte der Schuldner irgendwann einen nicht reparierbaren Fehler während der Jahre machen und eine seiner sogenannten „Obliegenheiten" verletzen, würde er keine Restschuldbefreiung erhalten und muß bis zu einem neuen Versuch der Entschuldung immerhin 10 Jahre warten.

TIP: Prüfen Sie also genau - gegebenenfalls mit Ihrer Familie - ob Sie die fünf oder sieben Jahre „Wohlverhaltensperiode" durchstehen können und wollen.

Wenn auch diese Hürde genommen ist und fest steht, daß man gemeinsam auf eine Schuldenbefreiung hinarbeiten will, sämtliche Akten vollständig und korrekt geführt sind und vorgelegt werden können, muß, wie bei fast jedem Gerichtsverfahren, gezahlt werden:
Die Verfahrensgebühr und ein Vorschuß für die Zustellung und die Veröffentlichungen müssen vom Schuldner vorab eingezahlt werden.
Die Antragsgebühr ist als eine „1/2-Antragsgebühr" zu zahlen, und zwar aus dem Wert sämtlicher Zahlungen, die während des Insolvenzverfahrens vom Schuldner erbracht werden. Die vom Gericht geforderte Antragsgebühr wird sich auf wenige hundert DM belaufen.

Hinzu kommen Zustellungskosten und Veröffentlichungskosten, die unterschiedlich hoch sein können. Wenn es aber tatsächlich zur Durchführung des gesamten Insolvenzverfahrens mit der anschließenden Wohlverhaltensperiode und Restschuldbefreiung kommt, muß eine Verfahrensgebühr in Höhe von 2 1/2-Gebühren gezahlt werden. Dies kann sich sehr schnell auf 1.000,00 DM oder 1.500,00 DM summieren.

Hinzu kommen Gebühren für die Veröffentlichung.
Der Treuhänder erhält zusätzlich mindestens 200,00 DM im Jahr.

Die Gläubiger können verlangen, daß der Treuhänder überwacht, ob der Schuldner sich korrekt verhält und insbesondere seine Obliegenheiten einhält. Hierfür erhält der Treuhänder einen vom Gericht festzulegenden Stundensatz, den aber die Gläubiger aufzubringen haben.

Obliegenheiten des Schuldners sind:

1. Arbeiten, und zwar angemessen Arbeiten bzw. sich um Arbeit intensiv bemühen und Arbeit darf nicht abgelehnt werden (nur völlig unzumutbare!)

2. 50 % einer Erbschaft muß dem Treuhänder übergeben werden.

3. Wechsel von Arbeitsplatz und Wohnsitz muß sofort an Gericht und Treuhänder mitgeteilt werden. Alle Informationen sind vollständig zur Obliegenheitserfüllung dem Gericht oder dem Treuhänder zu erteilen.

4. Niemals darf ein einzelner Gläubiger bevorzugt werden und Zahlungen dürfen nur an den Treuhänder geleistet werden.

5. Pfändbares Einkommen oder Erbschaften oder sonstiges außergewöhnliches Einkommen oder Erwerb von Vermögen dürfen nicht verheimlicht werden.

6. Ein Selbständiger muß soviel an die Gläubiger abführen, wie pfändbar wäre, wenn er als unselbständig Beschäftigter arbeiten würde.

Wenn ein Schuldner als Altfall fünf Jahre durchgehalten hat, wird dies prämiert, und zwar mit zehn Prozent des Abtretungsbetrages. Im Regelfall (Neufall) erhält der Schuldner im sechsten Jahr fünfzehn Prozent und im siebten Jahr zwanzig Prozent erstattet.

TIP: Für den Fall, daß trotz aller Anstrengungen das Einkommen sinkt, müssen wenigstens die Mindestgebühren aufgebracht werden, weil sonst das Verfahren ohne Anrechnung der bisherigen Laufzeit abgebrochen wird. Alle ursprünglichen Schulden leben in voller Höhe wieder auf!

Ist dies alles erledigt, kommt es zum gerichtlichen Schuldenbereinigungsplanverfahren.
Die Gläubiger können nun dem Plan zustimmen. Wenn sie

innerhalb einer Frist von einem Monat auf die Zustellung des Gerichts nicht antworten, wird dies als Zustimmung gewertet. Auch hier kann noch versucht werden, eine Einigung herbeizuführen.

Ist auch dies im ein oder anderen Fall erfolglos, so kann das Insolvenzgericht die fehlende Zustimmung ersetzen, wenn sich der Gläubiger in der sogenannten „Kopf- und Kapitalminderheit" befindet, d. h. also dieser Gläubiger darf höchstens die Hälfte aller Forderungen vertreten und zusätzlich darf seine Forderung weniger als die Hälfte der Gesamtschulden betragen.
Kommt es zur Ersetzung der Zustimmung, gilt der Schuldenbereinigungsplan als von allen Gläubigern angenommen und hat die Wirkung eines Prozeßvergleiches.

Dieser Plan ist für alle Gläubiger und für den Schuldner bindend. Kann der Schuldner nun den Schuldenbereinigungsplan so wie vorgelegt erfüllen, ist der Vergleich gültig und der Schuldner schuldenfrei.

Wird der Schuldenbereinigungsplan durch die Gläubigermehrheit abgelehnt, muß der Schuldner das sogenannte vereinfachte Insolvenzverfahren beschreiten. Dann wird das zunächst ruhende Verfahren nach spätestens drei Monaten von amts wegen wieder aufgenommen.

Es erfolgt die öffentliche Bekanntmachung, daß das Insolvenzverfahren eröffnet ist. Hierdurch wird allen vorhandenen Gläubigern Gelegenheit gegeben, sich an dem Verfahren zu beteiligen. Anschließend bestimmt das Insolvenzgericht einen Prüftermin und einen Treuhänder.

Das Insolvenzgericht prüft die angemeldeten Forderungen insgesamt sorgfältig nach und stellt dann die Rangfolge der Forderung fest. Die Zahlungsverpflichtungen werden in eine Liste eingetragen. Nach Abschluß des Insolvenzverfahrens können keine neuen Forderungen mehr aufgenommen werden.

In der anschließenden Wohlverhaltensphase wird der Treuhänder nun den monatlich pfändbaren Betrag entsprechend den Lohnabrechnungen des Schuldners direkt vom Arbeitgeber erhalten und verteilen.

Für den Schuldner bedeutet die Zeit der Wohlverhaltensphase, daß er grundsätzlich arbeiten muß. Beispielsweise darf er seinen Arbeitsplatz nicht mutwillig aufgeben oder auch gefährden.
Sollte ein Arbeitsplatzwechsel zur Verbesserung der Einkommenssituation einmal notwendig sein, muß zuvor das Insolvenzgericht oder der Treuhänder informiert werden. Wird der Schuldner arbeitslos, muß er sich täglich um Arbeit bemühen und gegebenenfalls lange Anfahrtszeiten in Kauf nehmen.

Außerdem muß der Schuldner regelmäßig vollständig über seine wirtschaftlichen Verhältnisse Auskunft geben können. Auch hier gilt: der geringste Fehler und die geringste Obliegenheitsverletzung kann dazu führen, daß die mühsam erarbeitete Position gegebenenfalls ganz zum Schluß der Wohlverhaltensperiode verloren geht und Restschuldbefreiung versagt wird.

Im günstigsten Fall wird aber durch das Insolvenzgericht auf Antrag des Treuhänders durch Beschluß ausgesprochen, daß dem Schuldner eine Restschuldbefreiung erteilt wird. Dies bedeutet, daß alle Schulden, die im Prüftermin des Insolvenzverfahrens in der Forderungsliste verzeichnet worden sind, als erledigt gelten.

Bevor das Gericht diesen Beschluß aber erläßt, werden alle Gläubiger, der Treuhänder und der Schuldner nochmals dazu befragt, ob irgendwelche Einwendungen bestehen. Ist dieses nicht der Fall, ist das Verbraucherinsolvenzverfahren für den Schuldner erfolgreich erledigt.

TIP: Wenn eine Restschuldbefreiung ausgesprochen wird, gilt dies auch gegenüber denjenigen Gläubigern, die ihre Forderung im Insolvenzverfahren nicht angemeldet hatten!

TIP: Zahlungen an einen einzelnen Gläubiger nach Erteilung der Restschuldbefreiung müssen nicht an den Schuldner zurückerstattet werden. Es können also Zahlungen geleistet werden, müssen aber nicht.

Insoweit verhindert beispielsweise die Durchführung eines Verbraucherinsolvenzverfahrens nicht, daß der gute Freund, der in einer Notlage einmal einen Betrag problemlos dem Schuldner ausgeliehen hat, auch irgendwann (aber immer nach Abschluß des Insolvenzverfahrens!) zu seinem Geld kommt.

Dies steht aber im Ermessen des Schuldners und braucht sich nur danach zu richten, ob er den Freund enttäuschen will oder nicht.
Damit steht fest, daß der Schuldner nach vielen Jahren Bemühen schuldenfrei ein Leben in wirtschaftlich gesicherter Existenz führen kann.

Wesentlich bei der Entscheidung des Gesetzgebers, eine Restschuldbefreiung zu ermöglichen, ist, daß ein Anreiz geschaffen wird, den Schuldner aus der wirtschaftlichen Isolation herauszuführen und den Schuldner zu motivieren, wenigstens einen Teil seiner Verbindlichkeiten zu tilgen.

FAZIT

Sicherlich wird es Versuche geben, die Insolvenzordnung zu mißbrauchen, genauso wie Konkursverfahren „mißbraucht" werden konnten.

Dennoch ist abschließend zu sagen, daß die Vorteile eindeutig überwiegen und ab 1999 redliche Schuldner die Möglichkeit haben, durch entsprechenden Einsatz in absehbarer Zeit schuldenfrei zu werden und die Gläubiger wenigstens teilweise zu befriedigen.

LETZTER TIP:Machen Sie sich keine Hoffnungen, mit der „InsO" Ihre locker aufgehäuften Schulden ebenso locker wieder loszuwerden! Das Verbraucherinsolvenzverfahren ist nur etwas für Leute, die sich wirklich aus einer hohen Verschuldung mit ebenso hohem persönlichen Einsatz befreien wollen. Nur solchen Leuten wird es gelingen ...!

Merkblatt
über das Verbraucherinsolvenzverfahren
bis zum Eröffnungsbeschluss

Das Insolvenzverfahren dient dazu, bei Zahlungsunfähigkeit (Insolvenz) einer Schuldnerin oder eines Schuldners das vorhandene Vermögen zu verwerten und den Erlös gleichmäßig an die Gläubigerinnen und Gläubiger zu verteilen. Außerdem wird redlichen Schuldnerinnen und Schuldnern Gelegenheit gegeben, sich von den restlichen Verbindlichkeiten zu befreien. Zahlungsunfähige Verbraucherinnen und Verbraucher sowie kleine Gewerbetreibende verfügen im Allgemeinen nur über geringes verwertbares Vermögen. Deshalb legt die Insolvenzordnung (InsO) für diese Fälle besondere Regeln fest. Zunächst sind ernsthafte Bemühungen um eine außergerichtliche Einigung mit den Gläubigerinnen und Gläubigern erforderlich. Nach der Anstragstellung bei Gericht wird nochmals der Versuch unternommen, eine Verständigung über einen Schuldenbereinigungsplan herbeizuführen.

1. Anwendungsbereich

Das Verbraucherinsolvenzverfahren gilt für alle natürlichen Personen.
- die keine selbständige wirtschaftliche Tätigkeit ausüben
- die zwar eine selbständige wirtschaftliche Tätigkeit ausüben, die aber nur geringfügig ist und nach Art oder Umfang einen kaufmännisch eingerichteten Geschäftsbetrieb nicht erfordert (§ 304 InsO).

Wie das allgemeine Insolvenzverfahren betrifft auch das Verbraucherinsolvenzverfahren nur Fälle, in denen ein Insolvenztatbestand (Eröffnungsgrund) vorliegt. Bei natürlichen Personen ist Eröffnungsgrund die eingetretene oder die drohende Zahlungsunfähigkeit. Es muß eine Situation entstanden sein, in der die Schuldnerin oder der Schuldner gegenwärtig oder in absehbarer Zukunft nicht mehr in der Lage ist, die fälligen Zahlungspflichten pünktlich und vollständig zu erfüllen (§§ 17, 18 InsO).

2. Außergerichtlicher Einigungsversuch

Verbraucherinnen und Verbraucher oder Selbständige mit geringfügiger wirtschaftlicher Tätigkeit können die Eröffnung des Insolvenzverfahrens über ihr Vermögen nur beantragen, wenn sie zuvor einen ernsthaften Versuch unternommen haben, sich mit ihren Gläubigerinnen und Gläubigern über die Schuldenbereinigung außergerichtlich zu einigen. Dies ist zwingende Voraussetzung für das gerichtliche Verfahren und bei der Antragstellung nachzuweisen (§305 Abs. 1 Nr. 1 InsO).

Dem Einigungsversuch muß ein geordneter Plan zugrunde liegen. Es reicht nicht aus, wenn nur allgemein bei den Gläubigerinnen und Gläubigern angefragt wird, ob sie zu einer gütlichen Einigung bereit sind. Die Schuldnerin oder der Schuldner hat ihnen einen Vorschlag für die angemessene Bereinigung der Schulden zu unterbreiten. In der Regel wird dies ein Zahlungsplan sein, in dem feste Raten und genaue Zahlungstermine genannt werden, die an die Stelle der ursprünglich geschuldeten Zahlungen und der hierfür geltenden Termine treten sollen.

Ein ernsthafter Einigungsversuch erfordert auch, daß die Schuldnerin oder der Schuldner die Einkommens- und Vermögensverhältnisse offenlegt. Die Gläubigerinnen und Gläubiger müssen anhand der Angaben beurteilen können, ob die vorgeschlagene Abänderung der Zahlungsverpflichtungen erforderlich ist und ob sie den finanziellen Möglichkeiten der Schuldnerin oder des Schuldners entspricht.

3. Eröffnungsantrag

Scheitert die außergerichtliche Einigung trotz ernsthaften Bemühens, so kann die Schuldnerin oder der Schuldner beim Insolvenzgericht die Eröffnung des Insolvenzverfahrens beantragen (§ 305 InsO).

3.1 Bescheinigung über den außergerichtlichen Einigungsversuch

Dem Antrag ist die Bescheinigung einer geeigneten Person oder Stelle beizufügen, aus der sich ergibt, daß eine außergerichtliche Einigung mit den Gläubigerinnen und Gläubigern über die Schuldenbereinigung auf der Grundlage eines Plan innerhalb der letzten sechs Monate vor dem Eröffnungsantrag erfolglos versucht worden ist (§ 305 Abs. 1 Nr. 1 InsO).

Die Bescheinigung muß den Versuch der Einigung im Einzelnen schildern. Sie muß insbesondere den zeitlichen Ablauf, den zugrunde liegenden Plan, die angebotenen Zahlungen oder sonstigen Leistungen, die Antworten der Gläubigerinnen und Gläubiger sowie die Gründe für das Scheitern darstellen. Geeignete Personen, die eine Bescheinigung über den außergerichtlichen Einigungsversuch ausstellen dürfen, sind die Angehörigen der rechtsberatenden Berufe (Anwaltschaft, Notariat oder Steuerberatung). Im Zweifel entscheidet das Insolvenzgericht über die Eignung einer Person. Eine geeignete Stelle muß von dem Ministerium für Frauen, Arbeit, Gesundheit und Soziales oder der von ihm durch Rechtsverordnung bestimmten Behörde (nach einem behördlichen Prüfungsverfahren) förmlich anerkannt worden sein. Deshalb sollten Schuldnerinnen oder Schuldner, die Hilfe von einer in der Schuldner/-Insolvenzberatung tätigen Stelle erhoffen, sich frühzeitig vergewissern, daß die Stelle als „geeignete Stelle" anerkannt worden ist.

3.2 Schuldenbereinigungsplan

Zusammen mit dem Eröffnungsantrag ist ein Schuldenbereinigungsplan vorzulegen (§ 305 Abs. 1 Nr. 4 InsO): In ihm ist darzustellen, wie die Schuldnerin oder der Schuldner sich eine Einigung mit den Gläubigerinnen und Gläubigern über die abschließende

Bereinigung der Schulden vorstellt. Dabei sind einerseits die schuldnerischen Vermögens-, Einkommens- und Familienverhältnisse zu berücksichtigen, andererseits aber auch die Interessen der Gläubigerinnen und Gläubiger sowie die Gründe, die zum Scheitern der außergerichtlichen Einigung geführt haben.

Der Plan muß einen vollstreckbaren Inhalt haben (vgl. § 308 Abs. 1 Satz 2 InsO). Er muß daher insbesondere genau regeln, welche Leistungen die Schuldnerin oder der Schuldner zu welchem Zeitpunkt an welche Gläubigerin oder welchen Gläubiger zu erbringen hat. Auch andere Regelungen des Plan müssen hinreichend bestimmt sein. Als Anknüpfungspunkt für den Beginn von Zahlungsfristen sollte der Zeitpunkt gewählt werden, zu dem das Insolvenzgericht die Annahme des Schuldenbereinigungsplans feststellt (§ 308 Abs. 1 Satz 1 InsO).

In den Plan ist aufzunehmen, ob und inwieweit Bürgschaften, Pfandrechte und andere Sicherheiten der Gläubigerinnen und Gläubiger vom Plan berührt werden sollen (§ 305 Abs. 1 Nr. 4 InsO).

Der Plan kann Anpassungsklauseln für den Fall vorsehen, daß sich die wirtschaftlichen oder familiären Verhältnisse der Schuldnerin oder des Schuldners wesentlich ändern, z.B. durch Krankheit, Arbeitslosigkeit oder Familienzuwachs.

Zur Vereinfachung und Beschleunigung des Verfahrens sollte die äußere Form und Gliederung des Plans dem Muster entsprechen, das von den Insolvenzgerichten ausgegeben wird.

3.3 Verzeichnisse mit Auskünften zur schuldnerischen Vermögenslage

Außerdem hat die Schuldnerin oder der Schuldner bei der Antragstellung drei Verzeichnisse mit Angaben zur Einkommen- und Vermögenslage vorzulegen:

- ein Verzeichnis des vorhandenen Vermögens und des Einkommens
- ein Verzeichnis der Gläubigerinnen und Gläubiger (mit genauen und vollständigen Namen und Anschriften)
- ein Verzeichnis der gegen die Schuldnerin oder den Schuldner gerichteten Forderungen (§ 305 Abs. 1 Nr. InsO)

Allen Verzeichnissen ist die Erklärung beizufügen, daß die in ihnen enthaltenen Angaben richtig und vollständig sind. Ist ein Verzeichnis trotzdem unvollständig, so kann dies dazu führen, daß später die Restschuldbefreiung verweigert wird (§ 290 Abs. 1 Nr. 6 InsO).

Die Unvollständigkeit kann eine weitere schwerwiegende Folge haben: Zahlungserleichterungen, die ein angenommener Schuldenbereinigungsplan vorsieht, gelten nicht gegenüber solchen Gläubigerinnen und Gläubigern, die in den Verzeichnissen bewußt oder unbewußt nicht aufgeführt sind. Diese Gläubigerinnen und

Gläubiger können weiterhin ihre gesamten Forderungen geltend machen (§ 308 Abs. 3 Satz 1 InsO).

Zur Vereinfachung und Beschleunigung des Verfahrens sollten deshalb auch für die Verzeichnisse die von den Insolvenzgerichten ausgegebenen Formulare verwendet werden. Soll eine Forderung vollständig bestritten werden, so ist sie mit dem Betrag 0,00 DM in die Verzeichnisse aufzunehmen.

3.4 Antrag auf Restschuldbefreiung

Abschließend hat die Schuldnerin oder der Schuldner zu erklären, ob die Erteilung der Restschuldbefreiung beantragt wird oder nicht (§ 305 Abs. 1 Nr. 2 InsO). Näheres über das Verfahren zur Restschuldbefreiung ergibt sich aus einem besonderen Merkblatt, das bei den Gerichten erhältlich ist.

3.5 Beifügung der erforderlichen Abschriften

Von denjenigen Unterlagen, die den Gläubigerinnen und Gläubigern im weiteren Verlauf des Verfahrens zugestellt werden sollen, ist jeweils die für die Zustellung erforderliche Anzahl von beglaubigten Abschriften oder unterzeichneten Originalen beizufügen (§ 133 Abs. 1 ZPO, § 4 InsO). Dies gilt für den Schuldenbereinigungsplan, das Vermögensverzeichnis, das Gläubigerverzeichnis und das Forderungsverzeichnis (vgl. §§ 307, 305 Abs. 1 InsO).

3.6 Rechtsfolge eines unvollständigen Eröffnungsantrags

Wenn dem Eröffnungsantrag nicht alle vorgeschriebenen Erklärungen und Unterlagen vollständig beigefügt sind, erhält die Schuldnerin oder der Schuldner eine Mitteilung des Gerichts. Der Antrag muß sodann innerhalb eines Monats ergänzt werden. Geschieht dies nicht, so gilt der Eröffnungsantrag kraft Gesetzes als zurückgenommen (§ 305 Abs. 3 InsO). Der Antrag wird vor Gericht nicht mehr bearbeitet. Es ergeht keine Entscheidung. Auch ein etwa gestellter Antrag auf Restschuldbefreiung wird gegenstandslos.

4. Gerichtliches Schuldenbereinigungsverfahren

Bevor es zur gerichtlichen Entscheidung über die Eröffnung kommt, müssen die Beteiligten (Schuldnerin oder Schuldner, Gläubigerinnen und Gläubiger) unter Vermittlung des Gerichts nochmals den Versuch einer gütlichen Einigung unternehmen. Diesem Zweck dient der Schuldenbereinigungsplan.

4.1 Vorläufiges Ruhen des Verfahrens über anhängige Eröffnungsanträge

Solange über den Schuldenbereinigungsplan nicht entschieden ist, betreibt das Gericht die Verfahren über die anhängigen Eröffnungsanträge, auch diejenigen von

Gläubigerinnen und Gläubigern, nicht weiter. Diese Verfahren ruhen (§306 Abs. 1,3 InsO). Das Gericht kann allerdings Sicherungsmaßnahmen anordnen (z. B. die Zwangsvollstreckung in das schuldnerische Vermögen untersagen oder einstweilen einstellen, §21 InsO). Sind solche Maßnahmen bereits angeordnet, so bleiben sie in Kraft (§ 306 Abs. 2 InsO).

4.2 Anhörung der Gläubigerinnen und Gläubiger

Ist der Eröffnungsantrag vollständig, so werden die von der Schuldnerin oder vom Schuldner benannten Gläubigerinnen und Gläubiger in das Verfahren einbezogen. Das Gericht stellt ihnen die Unterlagen (Schuldenbereinigungsplan, Vermögensverzeichnis, Gläubiger- und Forderungsverzeichnis) zu und fordert sie auf, innerhalb eines Monats hierzu Stellung zu nehmen.

Jede angeschriebene Gläubigerin und jeder angeschriebene Gläubiger muß die Angaben über die eigene Forderung im Forderungsverzeichnis überprüfen und dem Gericht die erforderlichen Ergänzungen mitteilen. Äußert sich eine Gläubigerin oder ein Gläubiger nicht, so gilt das Schweigen als Zustimmung zum Schuldenbereinigungsplan und als Verzicht auf bestehende Forderungen, die in den übersandten Unterlagen nicht angegeben sind (§307 Abs. 1, 2, §308 Abs. 3 Satz 2 InsO):

Wenn Gläubigerinnen oder Gläubiger dem Plan innerhalb der Monatsfrist widersprochen haben oder es zur Förderung einer einvernehmlichen Schuldenbereinigung sinnvoll erscheint, gibt das Gericht der Schuldnerin oder dem Schuldner Gelegenheit, den Plan zu ändern oder zu ergänzen. Hierzu setzt es eine Frist. Anschließend werden die Änderungen oder Ergänzungen, soweit notwendig, nochmals den Gläubigerinnen und Gläubigern zur Stellungnahme zugestellt. Auch hier gilt wiederum das Schweigen als Zustimmung zum schuldnerischen Vorschlag und als Verzicht auf bestehende höhere Forderungen (§307 Abs. 3 InsO).

4.3 Einwendungen der Gläubigerinnen und Gläubiger gegen den Schuldenbereinigungsplan

Gläubigerinnen oder Gläubiger, die mit dem Plan nicht einverstanden sind, müssen ihre Ablehnung in der schriftlichen Stellungnahme gegenüber dem Gericht unmißverständlich zum Ausdruck bringen. Wenn eine Mehrheit der Gläubigerinnen und Gläubiger den Schuldenbereinigungsplan ablehnt, ist der Plan gescheitert. Auf die Gründe der Mehrheit kommt es dann nicht an. Stimmt aber die Mehrheit der Gläubigerinnen und Gläubiger (Kopf- und Summenmehrheit) dem Plan zu, so kann die Minderheit ihn nur verhindern, wenn ihre Ablehnung auf sachgerechten Gründen beruht. Die Einwendungen, die eine Gläubigerin oder ein Gläubiger gegen den Plan geltend machen kann, sind im Gesetz im Einzelnen aufgeführt (§ 309 Abs. 1, 3 InsO).

Es sind folgende:

- Die Forderung der widersprechenden Gläubigerin oder des widersprechenden Gläubigers ist wesentlich höher, als in dem vorgelegten Forderungsverzeichnis angegeben (§ 307, Abs. 1, Satz 2, § 309, Abs. 3 InsO).

- Die widersprechende Gläubigerin oder der widersprechende Gläubiger wird im Verhältnis zu den übrigen Gläubigerinnen und Gläubigern nicht angemessen an den vorgesehenen Leistungen der Schuldnerin oder des Schuldners beteiligt (§ 309, Abs. 1, Satz 2, Nr. 1, InsO).

- Die widersprechende Gläubigerin oder der widersprechende Gläubiger wird durch den Plan wirtschaftlich schlechter gestellt, als es bei Durchführung des Insolvenzverfahrens und des anschließenden Verfahrens zur Restschuldbefreiung der Fall wäre (§ 309 Abs, 1, Satz 2 Nr. 2 InsO).

- Die Schuldnerin oder der Schuldner hat im Forderungsverzeichnis Schulden aufgeführt, bei denen sich ernsthafte Zweifel ergeben, ob sie überhaupt oder jedenfalls in dieser Höhe bestehen (§ 309 Abs. 3 InsO).

4.4 Gerichtliche Ersetzung der Zustimmung

Der Schuldenbereinigungsplan kommt zustande, wenn
- entweder keine Gläubigerin und kein Gläubiger Einwendungen erhebt
- oder die Mehrheit der Gläubigerinnen und Gläubiger, hier berechnet nach Köpfen und Forderungssummen, zustimmt und das Gericht die Einwendungen der widersprechenden Beteiligten durch eine Zustimmung ersetzt (§ 309 InsO).

Der Antrag auf Ersetzung der fehlenden Zustimmung kann von der Schuldnerin oder dem Schuldner sowie von jeder Gläubigerin oder jedem Gläubiger gestellt werden. Vor der gerichtlichen Entscheidung über den Antrag erhalten die widersprechenden Beteiligten, deren Ablehnung durch eine gerichtliche Zustimmung ersetzt werden soll, Gelegenheit, die Einwendungen (vgl. Ziffer 4.3) im Einzelnen zu begründen. Dabei sind tatsächlich Behauptungen, auf die der Widerspruch gestützt wird, durch Versicherung an Eides Statt oder geeignete Urkunden glaubhaft zu machen (§ 309 Abs. 2 Satz 2 InsO).

Sind die Einwendungen der widersprechenden Beteiligten vom Gesetz nicht als Ablehnungsgrund anerkannt oder sind sie nicht glaubhaft gemacht, so wird die fehlende Zustimmung vom Gericht ersetzt. Nach Rechtskraft des Ersetzungsbeschlusses gilt der Schuldenbereinigungsplan als angenommen.

4.5 Rechtswirkungen des angenommenen Schuldenbereinigungsplans

Die Annahme des Schuldenbereinigungsplans wird vom Gericht in einem gesonderten Beschluß förmlich festgestellt.

Der angenommene Plan hat die rechtlichen Wirkungen eines gerichtlichen Vergleichs (§ 308 Abs. 1, Satz 2 InsO, § 794, Abs. 1, Nr. 1 ZPO). Die Schuldnerin oder der Schuldner hat nicht mehr die ursprünglichen Forderungen der vom Plan erfaßten Gläubigerinnen und Gläubiger zu erfüllen, sondern nur noch die im Plan festgelegten Leistungen zu erbringen. Der Plan ist allerdings ein vollstreckbarer Titel, der den beteiligten Gläubigerinnen und Gäubigern die Möglichkeit gibt, wegen ihrer Forderungen aus dem Plan in das schuldnerische Vermögen zu vollstrecken. Gläubigerinnen oder Gläubiger, die von der Schuldnerin oder dem Schuldner nicht benannt waren und deshalb keine Gelegenheit hatten, am Zustandekommen des Schuldenbereinigungsplans mitzuwirken, können weiterhin ihre gesamten Forderungen gegen die Schuldnerin oder den Schuldner geltend machen (§ 308 Abs. 3 Satz 1 InsO).

Mit der Annahme des Plan sind zugleich alle anhängenden Anträge auf Eröffnung des Insolvenzverfahrens und auf Restschuldbefreiung erledigt. Sie gelten als zurückgenommen (§308 Abs. 2 InsO). Dies schließt nicht aus, daß neue Eröffnungsanträge gestellt werden können, wenn die Schuldnerin oder der Schuldner erneut zahlungsunfähig wird.

5. Fortgang des Verfahrens nach dem Scheitern des Schuldenbereinigungsplans

Findet der Schuldenbereinigungsplan nicht erforderliche Zustimmung der Gläubigerinnen und Gläubiger oder erweist sich auch nur eine einzige Einwendung eines widersprechenden Beteiligten als berechtigt, so ist der Plan gescheitert. In diesem Fall wird das Verfahren über den Antrag auf Eröffnung des Insolvenzverfahrens wieder aufgenommen (§ 311 InsO).

Daß der Eröffnungsgrund der drohenden oder bereits eingetretenen Zahlungsunfähigkeit vorliegt, wird nach dem bisherigen Ablauf des Verfahrens im Allgemeinen feststehen. Das Gericht wird deshalb nun insbesondere prüfen, ob das frei verfügbare Vermögen der Schuldnerin oder des Schuldner (die spätere Insolvenzmasse) voraussichtlich ausreicht, um die Kosten des Insolvenzverfahrens zu decken. Zu diesem Zweck kann das Gericht eine Sachverständige oder einen Sachverständigen mit der weiteren Aufklärung der schuldnerischen Vermögensverhältnisse beauftragen.

Die Schuldnerin oder der Schuldner ist verpflichtet, bei der Aufklärung mitzuwirken. Zusätzlich zu den Angaben in den Antragsunterlagen sind dem Gericht vollständig und wahrheitsgemäß alle Auskünfte zu erteilen, die zur Entscheidung über die Eröffnung des Verfahrens erforderlich sind. Dabei sind – anders als im Strafprozess – auch Tatsachen zu offenbaren, die geeignet sind, eine Verfolgung wegen einer Straftat oder einer Ordnungswidrigkeit herbeizuführen (§§ 20, 97 InsO).

Zur Eröffnung des Insolvenzverfahrens kommt es nur, wenn nach der Überzeugung des Gerichts die Kosten des Verfahrens gedeckt sind. Hierzu gehören die Gerichtskosten sowie die Vergütung und die Auslagen des künftigen Insolvenzverwalters (§ 26 Abs. 1, §

54 InsO). Die Deckung muß nicht unbedingt in einer ausreichenden Insolvenzmasse bestehen. Die Beteiligten können die Voraussetzungen für die Eröffnung auch dadurch schaffen, daß sie aus anderen Mitteln einen Kostenvorschuß einzahlen oder die Kostendeckung sicherstellen.

Steht die Kostendeckung nicht fest, so wird der Eröffnungsantrag mangels Masse abgewiesen. Damit ist zugleich auch eine angestrebte Restschuldbefreiung der Schuldnerin oder des Schuldners gescheitert. Das Gesetz sieht die Restschuldbefreiung nur für Fälle vor, in denen das Insolvenzverfahren eröffnet worden ist. (§§ 286, 289 InsO).

Merkblatt
über das Verfahren zur Restschuldbefreiung

Nach Abschluß eines Insolvenzverfahrens kann das Insolvenzgericht Schuldnerinnen und Schuldnern, wenn sie natürliche Personen sind, auf Antrag die restlichen Schulden erlassen. Vor dem Schuldenerlass haben die Schuldnerinnen und Schuldner sich allerdings redlich um die Abtragung ihrer Schulden zu bemühen. Sieben Jahre lang müssen Arbeitseinkommen und ähnliche laufende Bezüge einer Treuhänderin oder einem Treuhänder für die Tilgung der Schulden zur Verfügung gestellt werden. Für dieses Verfahren zur Restschuldbefreiung legt die Insolvenzordnung (InsO) bestimmte Regeln fest.

Für den Antrag auf Restschuldbefreiung im Verbraucherinsolvenzverfahren gelten besondere Regeln. Näheres hierzu ergibt sich aus einem Merkblatt zum Verbraucherinsolvenzverfahren, das bei den Gerichten erhältlich ist.

1. Antrag

Die Restschuldbefreiung kann nur eine Schuldnerin oder ein Schuldner selbst beantragen (§ 287 InsO). Der Antrag muß spätestens in der ersten Gläubigerversammlung nach Eröffnung des Insolvenzverfahrens vollständig vorliegen. Er kann schon zusammen mit dem Antrag auf Eröffnung des Insolvenzverfahrens gestellt werden.

Der Antrag ist schriftlich beim zuständigen Amtsgericht (Insolvenzgericht) einzureichen, er kann auch zu Protokoll der Geschäftsstelle erklärt werden. Die Einzelheiten ergeben sich aus einem Antragsformular, das bei jedem Insolvenzgericht ausgegeben wird.

Dem Antrag ist eine Abtretungserklärung beizufügen, wonach die Schuldnerin oder der Schuldner pfändbare Forderungen auf Bezüge aus einem Dienstverhältnis (z. B. Ansprüche auf Arbeitseinkommen) oder andere laufende Bezüge, die an die Stelle dieser Bezüge treten (z. B. Altersrenten oder Leistungen der Arbeitslosenversicherung), an eine Treuhänderin oder einen Treuhänder abtritt, die oder den das Gericht im weiteren Verlauf des Verfahrens bestimmt.

Sind diese Forderungen bereits vorher an Dritte abgetreten oder verpfändet (z. B. an Kreditgeber) worden, so ist dies in der Abtretungserklärung anzugeben.

Das unpfändbare Einkommen verbleibt den Schuldnerinnen und Schuldnern.

2. Das Insolvenzverfahren als Voraussetzung für die Restschuldbefreiung

Das Insolvenzgericht befaßt sich mit dem Antrag auf Restschuldbefreiung erst, wenn das eröffnete Insolvenzverfahren im wesentlichen durchgeführt ist und kurz vor dem Abschluß steht. Es muß zumindest der allgemeine Prüfungstermin stattgefunden haben, in dem die angemeldeten Gläubigerforderungen geprüft worden sind. Außerdem muß das frei verfügbare Vermögen der Schuldnerin oder des Schuldners (die Insolvenzmasse) verwertet und die Verteilung des Erlöses beendet sein (§289 Abs 1, 3, §§ 208-211 InsO).

Können diese Verfahrensabschnitte nicht durchgeführt werden, weil die entsprechenden Kosten nicht gedeckt sind, so ist eine Restschuldbefreiung nicht möglich.

3. Die Einleitung des Verfahrens: Ankündigung oder Versagung der Restschuldbefreiung

Das Verfahren zur Restschuldbefreiung gliedert sich in folgende Hauptabschnitte:
- Ankündigungsverfahren
- Wohlverhaltenszeit
- Erteilung der Restschuldbefreiung
- Widerrufsverfahren

Die erste Entscheidung des Insolvenzgerichts zur Restschuldbefreiung ist der Beschluß über deren förmliche Ankündigung (§§ 289-291 InsO). Hier entscheidet sich, ob das Verfahren überhaupt in Gang gesetzt wird.

Vor der Entscheidung erhalten die Insolvenzgläubigerinnen und –gläubiger in der letzten Gläubigerversammlung vor Abschluß des Insolvenzverfahrens (oder in dem entsprechenden schriftlich durchgeführten Verfahrensabschnitt) Gelegenheit, sich zu dem Schuldnerantrag zu äußern. Dabei kann jede Insolvenzgläubigerin oder jeder Insolvenzgläubiger die Ablehnung (Versagung) der Restschuldbefreiung beantragen. Insolvenzgläubigerinnen und –gläubiger sind diejenigen, die zur Zeit der Eröffnung des Insolvenzverfahrens einen begründeten persönlichen Vermögensanspruch gegen die Schuldnerin oder den Schuldner hatten (§38 InsO).

Ein Versagungsgrund liegt vor, wenn die Schuldnerin oder der Schuldner (vgl. § 290 Abs. 1 InsO)
- wegen einer Insolvenzstraftat (§§ 283 bis 283 c StGB) rechtskräftig verurteilt worden ist,
- in den letzten drei Jahren vor dem Antrag auf Eröffnung des Insolvenzverfahrens (Eröffnungsantrag) oder nach diesem Antrag vorsätzlich oder grob fahrlässig schriftlich unrichtige oder unvollständige Angaben über die wirtschaftlichen Verhältnisse gemacht hat, um einen Kredit zu erhalten, Leistungen aus öffentlichen Mitteln zu beziehen oder Leistungen an öffentliche Kassen zu vermeiden,

- in den letzten zehn Jahren vor dem Eröffnungsantrag oder nach diesem Antrag bereits Restschuldbefreiung erhalten hat oder diese nach § 296 oder § 297 InsO versagt worden ist,
- im letzten Jahr vor dem Eröffnungsantrag oder nach diesem Antrag vorsätzlich oder grob fahrlässig die Befriedigung der Insolvenzgläubigerinnen und –gläubiger dadurch beeinträchtigt hat, daß unangemessene Verbindlichkeiten begründet, Vermögen verschwendet oder ohne Aussicht auf eine Besserung der wirtschaftlichen Lage die Eröffnung des Insolvenzverfahrens verzögert wurde,
- während des Insolvenzverfahrens Auskunfts- oder Mitwirkungspflichten nach der Insolvenzordnung vorsätzlich oder grob fahrlässig verletzt hat oder
- in den nach § 305 Abs. 1 Nr. 3 InsO vorzulegenden Vermögens-, Einkommens- und Gläubigerverzeichnissen und Forderungsverzeichnissen vorsätzlich oder grob fahrlässig unrichtige oder unvollständige Angaben gemacht hat.

Der Versagungsantrag ist nur zulässig, wenn der behauptete Versagungsgrund glaubhaft gemacht wird (§290 Abs. 2 InsO). Die Mittel der Glaubhaftmachung (z.B. Versicherung an Eides Statt oder geeignete Urkunden) sind mit dem Versagungsantrag vorzulegen; das Angebot, die Unterlagen nachzureichen, genügt nicht.

Die Restschuldbefreiung ist außerdem zu versagen, wenn die Schuldnerin oder der Schuldner während des Verbraucherinsolvenzverfahrens einer gerichtlichen Zahlungsauflage nach § 314 InsO nicht nachgekommen ist. Nach dieser Vorschrift kann das Gericht anordnen, daß die Insolvenzmasse ganz oder teilweise nicht verwertet wird, sondern die Schuldnerin oder der Schuldner statt dessen einen bestimmten Geldbetrag aufzubringen hat. Wird dieser Betrag trotz zweimaliger Fristsetzung nicht gezahlt, so ist dies ein Versagungsgrund (§ 314 Abs. 3 Satz 2 InsO).

Stellt das Gericht nach der Schuldneranhörung und nach Aufklärung des Sachverhalts keinen Versagungsgrund fest, so kündigt es die Restschuldbefreiung an (§ 291 InsO): Zugleich bestimmt es eine Treuhänderin oder einen Treuhänder. An diese Person gehen die pfändbaren Bezüge der Schuldnerin oder des Schuldners aufgrund der Abtretungserklärung über.

4. Die Obliegenheiten der Schuldnerinnen und Schuldner in der Wohlverhaltenszeit

Mit der rechtskräftigen Ankündigung der Restschuldbefreiung beginnt die Laufzeit der Abtretungserklärung. Diese sog. Wohlverhaltenszeit beträgt sieben Jahre. Bei Schuldnerinnen und Schuldnern, die bereits am 01. Januar 1997 zahlungsunfähig waren, endet sie nach fünf Jahren (Art. 107 EGInsO).

In dieser Zeit hat die insolvente Person folgende Pflichten (Obliegenheiten, § 295 InsO):
- Sie muß eine angemessene Erwerbstätigkeit ausüben und, wenn sie ohne
- Beschäftigung ist, sich um eine solche bemühen; sie darf keine zumutbare Tätigkeit ablehnen.

- Übt sie eine selbständige Tätigkeit aus, so hat sie die Insolvenzgläubigerinnen und –gläubiger durch Zahlungen an die Treuhänderin oder den Treuhänder so zu stellen, wie wenn sie ein angemessenes Dienstverhältnis eingegangen wäre.
- Sie muß Vermögen, das sie von Todes wegen oder mit Rücksicht auf ein künftiges Erbrecht erwirbt, zur Hälfte des Wertes an die Treuhänderin oder den Treuhänder herausgeben.
- Sie muß jeden Wechsel des Wohnsitzes oder der Beschäftigungsstelle unverzüglich dem Insolvenzgericht und der Treuhänderin oder dem Treuhänder anzeigen.
- Sie darf dem Gericht und der Treuhänderin oder dem Treuhänder keine von der Abtretungserklärung erfaßten Bezüge und kein Vermögen, das sie von Todes wegen oder mit Rücksicht auf ein künftiges Erbrecht erwirbt, verheimlichen.
- Sie muß dem Gericht und der Treuhänderin oder dem Treuhänder auf Verlangen Auskunft über ihre Erwerbstätigkeit oder ihre Bemühungen um eine solche sowie über ihre Bezüge und ihr Vermögen erteilen.
- Sie darf Zahlungen zur Befriedigung der Insolvenzgläubigerinnen und –gläubiger nur an die Treuhänderin oder den Teuhänder leisten und einzelnen Insolvenzgläubigerinnen und –gläubigern keinen Sondervorteil verschaffen.

5. Aufgaben der Treuhänderin oder des Treuhänders im Restschuldbefreiungsverfahren

Die Treuhänderin oder der Treuhänder zieht in der Wohlverhaltenszeit aufgrund der Abtretungserklärung der insolventen Person deren pfändbare laufende Bezüge ein und verteilt die eingehenden Beträge und sonstigen Zahlungen einmal jährlich an die Insolvenzgläubigerinnen und –gläubiger (§292 Abs. 1 InsO).

Gegen Ende der Wohlverhaltenszeit erhält die insolvente Person einen Teil der von der Treuhänderin oder dem Treuhänder eingenommenen Geldbeträge: im fünften Jahr 10 %, im sechsten Jahr 15 % und im siebten Jahr 20 % (§292 Abs. 1 Satz 3 InsO).

Die Gläubigerversammlung kann der Treuhänderin oder dem Treuhänder zusätzlich die Aufgabe übertragen, die Erfüllung der Schuldnerobliegenheiten zu überwachen und die Gläubigerschaft im Falle eines festgestellten Verstoßes zu benachrichtigen. Die Treuhänderin oder der Treuhänder ist zur Überwachung nur verpflichtet, soweit die dafür anfallende zusätzliche Vergütung gedeckt ist oder von der Gläubigerschaft vorgeschossen wird (292 Abs. 2 Satz 3 InsO).

Die Treuhänderin oder der Treuhänder erhält aus dem verwalteten Geld eine Vergütung und eine Erstattung der angemessenen Auslagen (§293 InsO). Ist nicht einmal die Mindesttreuhändervergütung gedeckt, so kann dies zur Versagung der Restschuldbefreiung führen (unten 7.6).

6. Zwangsvollstreckungen, Abtretungen und Verpfändungen in der Wohlverhaltenszeit

Zwangsvollstreckungen für einzelne Insolvenzgläubigerinnen und –gläubiger in das schuldnerische Vermögen, das nach der Abtretung an die Treuhänderin oder den Treuhänder verbleibt oder das neu hinzuerworben wird, sind während der Wohlverhaltenszeit unzulässig (§294 Abs. 1 InsO). Frühere Pfändungen der laufenden Bezüge sind infolge der Eröffnung des Insolvenzverfahrens unwirksam geworden, Abtretungen und vertragliche Verpfändungen der Bezüge verlieren ihre Wirksamkeit drei Jahre nach diesem Zeitpunkt – falls die Schuldnerin oder der Schuldner bereits vor dem 01. Januar 1997 zahlungsunfähig war, schon nach zwei Jahren (§ 114 Abs. 1, 3 InsO, Art. 107 EGInsO).

Zulässig bleibt die Zwangsvollstreckung für neue Gläubigerinnen und Gläubiger, deren Forderungen erst nach der Eröffnung des Insolvenzverfahrens begründet worden sind. Sie können auf das pfändbare schuldnerische Vermögen zugreifen.

7. Vorzeitiger Abbruch des Verfahrens: Die Versagung der Restschuldbefreiung während der Wohlverhaltenszeit

Verletzt die Schuldnerin oder der Schuldner während der Wohlverhaltenszeit eine Obliegenheit (vgl. Ziffer 4) und beeinträchtigt dadurch die Befriedigung der Insolvenzgläubigerschaft, hat das Gericht auf Antrag einer Insolvenzgläubigerin oder eines Insolvenzgläubigers die Restschuldbefreiung zu versagen, sofern die insolvente Person nicht beweist, daß sie kein Verschulden trifft (§296 InsO).

Der Antrag kann nur innerhalb eines Jahres nach dem Zeitpunkt gestellt werden, in dem die Obliegenheitsverletzung der Gläubigerin oder dem Gläubiger bekannt geworden ist. Er ist nur zulässig, wenn die Obliegenheitsverletzung und die Einhaltung der Jahresfrist glaubhaft gemacht werden (§ 296 Abs. 1 InsO). Die Mittel der Glaubhaftmachung (z.B. eidesstattliche Versicherungen oder sonstige Schriftstücke) sind mit dem Versagungsantrag vorzulegen; das Angebot, die Unterlagen nachzureichen, genügt nicht.

Vor der gerichtlichen Entscheidung erhalten die beteiligten Personen Gelegenheit zur Stellungnahme. Die Schuldnerin oder der Schuldner ist verpflichtet, über die Erfüllung der Obliegenheiten vollständig und wahrheitsgemäß Auskunft zu erteilen und auf Antrag einer Gläubigerin oder eines Gläubigers die Richtigkeit der Auskunft an Eides Statt zu versichern (§ 296 Abs. 2 InsO). Das Gericht kann für die Erteilung der Auskunft oder die eidesstattliche Versicherung eine Frist zur schriftlichen Äußerung setzen oder einen Termin anberaumen.

Gibt die insolvente Person die Auskunft oder die eidesstattliche Versicherung ohne hinreichende Entschuldigung nicht innerhalb der gesetzten Frist ab, so hat das Gericht die Restschuldbefreiung zu versagen. Das gleiche gilt, wenn sie trotz ordnungsgemäßer

Ladung ohne hinreichende Entschuldigung nicht zu dem anberaumten Termin erscheint (§296 Abs 2. InsO).

Die Restschuldbefreiung ist ferner zu versagen, wenn sich herausstellt, daß die Schuldnerin oder der Schuldner in der Zeit seit der letzten Gläubigerversammlung wegen einer Insolvenzstraftat (§§ 283 bis 283 c StGB) rechtskräftig verurteilt worden ist.

Auch hier ist jede Insolvenzgläubigerin oder jeder Insolvenzgläubiger antragsberechtigt. Für den Antrag gelten die oben dargestellten Regelungen über die Jahresfrist und die Glaubhaftmachung entsprechend § 297 Abs. 2 InsO.

Auf Antrag der Treuhänderin oder des Treuhänders ist die Restschuldbefreiung zu versagen, wenn die Beträge, die aufgrund der Abtretungserklärung in einem Jahr abgeführt worden sind, nicht einmal die Mindesttreuhändervergütung decken und die insolvente Person den fehlenden Betrag trotz einer Zahlungsaufforderung der Treuhänderin oder des Treuhänders und einer weiteren Aufforderung des Gerichts nicht einzahlt (§ 298 InsO). Um den vorzeitigen Abbruch des Verfahrens zu verhindern, muß die insolvente Person nach dem Gesetz notfalls die Mindestvergütung aus ihrem unpfändbaren Vermögen zahlen.

Mit der rechtskräftigen Versagung der Restschuldbefreiung ist der angestrebte Schuldenerlass gescheitert. Die Gläubigerinnen und Gläubiger können ihre Forderungen wieder uneingeschränkt geltend machen und auf das gesamte pfändbare Vermögen der Schuldnerin oder des Schuldners zugreifen (§299 InsO).

8. Schuldenerlass: Die Erteilung der Restschuldbefreiung nach Ablauf der Wohlverhaltenszeit

Ist die Wohlverhaltenszeit ohne eine vorzeitige Beendigung abgelaufen, so entscheidet das Insolvenzgericht über den Erlaß der restlichen Schulden (Erteilung der Restschuldbefreiung).

Das Gericht gibt auch hier zunächst den am Verfahren beteiligten Personen Gelegenheit zur Stellungnahme. Insolvenzgläubigerinnen und –gläubiger sowie die Treuhänderin oder der Treuhänder können die Versagung der Restschuldbefreiung beantragen. Hierfür gelten die gleichen Voraussetzungen, Fristen und Verfahrensregeln wie während der Wohlverhaltenszeit (§ 300 Abs. 2, §§ 296 bis 298 InsO; vgl. Ziffer 7).

9. Wirkungen der Restschuldbefreiung

Die Erteilung der Restschuldbefreiung wirkt gegen alle Insolvenzgläubigerinnen und –gläubiger. Sie bezieht sich auf die Schulden, die bei Eröffnung des Insolvenzverfahrens schon begründet waren (§ 38 InsO) und noch nicht getilgt sind. Sie gilt auch gegenüber Insolvenzgläubigerinnen und –gläubigern, die ihre Forderungen nicht angemeldet haben (§ 301 Abs. 1 InsO).

Merkblätter für das Insolvenzverfahren (Saarland)

Nicht unter die Restschuldbefreiung fallen die sogenannten Masseverbindlichkeiten, also die Verpflichtungen, die im Zusammenhang mit dem Insolvenzverfahren entstanden sind (§ 53 InsO). Ebenso erfaßt die Restschuldbefreiung nicht die sonstigen neuen Schulden, die erst nach der Eröffnung des Insolvenzverfahrens begründet worden sind, insbesondere nicht die ständig wiederkehrenden Verpflichtungen zur Zahlung von Unterhalt oder Wohnungsmiete nach dem Eröffnungsstichtag.

Von der Restschuldbefreiung ausgenommen sind ferner Zahlungsverpflichtungen aus einer vorsätzlich begangenen unerlaubten Handlung sowie Geldstrafen, Geldbußen, Ordnungsgelder, Zwangsgelder und finanzielle Nebenfolgen einer Straftat oder Ordnungswidrigkeit (§ 302 InsO).

Gegenüber mithaftenden Personen und Bürgen behalten die Insolvenzgläubigerinnen und –gläubiger ihre Rechte. Sie können z.B. gegenüber Bürgen ihre Forderung weiterhin geltend machen. Dagegen können die Bürgen keinen Rückgriff mehr gegen die Schuldnerin oder den Schuldner nehmen. Bestehen bleiben auch die Rechte der Insolvenzgläubigerinnen und –gläubiger aus Sicherungsvormerkungen oder anderen Sicherungsrechten wie Pfandrechten, Sicherungsübereignungen oder Sicherungsabtretungen (§ 301 Abs. 2 Satz 1 InsO).

Die Schuldnerin oder der Schuldner kann sich jedoch gegenüber den mithaftenden Personen, Bürgen oder anderen Rückgriffsberechtigten in gleicher Weise auf die Restschuldbefreiung berufen wie gegenüber den Insolvenzgläubigerinnen und –gläubigern (§ 301 Abs. 2 Satz 2 InsO).

10. Nachträglicher Widerruf der Restschuldbefreiung

Auch nach Rechtskraft der Entscheidung über die Erteilung der Restschuldbefreiung muß die Schuldnerin oder der Schuldner unter Umständen für grob unredliches Verhalten in der Wohlverhaltenszeit einstehen. Das Insolvenzgericht hat die Erteilung der Restschuldbefreiung auf Antrag einer Insolvenzgläubigerin oder eines Insolvenzgläubigers zu widerrufen, wenn sich nachträglich herausstellt, daß durch eine vorsätzliche Obliegenheitsverletzung der Schuldnerin oder des Schuldners die Befriedigung der Insolvenzgläubigerschaft erheblich beeinträchtigt wurde (§ 303 Abs. 1 InsO).

Der Gläubigerantrag ist nur zulässig, wenn er innerhalb eines Jahres nach Rechtskraft der Entscheidung über die Erteilung der Restschuldbefreiung gestellt wird. Gleichzeitig ist glaubhaft zu machen, daß die genannten Voraussetzungen des Widerrufs vorliegen und die Antragstellerin oder der Antragsteller bis zur Rechtskraft des Schuldenerlasses keine Kenntnis von ihnen hatte (§ 303 Abs. 2 InsO).

Die Entscheidung über den Widerruf ergeht nach Anhörung der Schuldnerin oder des Schuldners und der Treuhänderin oder des Treuhänders sowie, falls notwendig, nach weiterer Aufklärung des Sachverhalts.

11. Kostenlast bei Anträgen auf Versagung oder Widerruf der Restschuldbefreiung

Im Verfahren über einen Antrag auf Versagung oder Widerruf der Restschuldbefreiung entstehen Gerichtskosten, insbesondere im Fall einer Beweisaufnahme. Diese Kosten trägt in erster Linie die unterliegende Partei (§ 91 ZPO, § 4 InsO). Daneben haftet aber im Verhältnis zur Staatskasse immer auch die antragstellende Gläubigerin oder der antragstellende Gläubiger (§ 50 Abs. 2, § 58 GKG).

Der Autor

MARTIN J. SCHMITT

Rechtsanwalt in Saarbrücken, geboren am 12. 09.1958. Nach dem Abitur im Jahre 1978 am staatl. Realgymnasium in St. Ingbert und anschließendem Wehrdienst Studium der Rechtswissenschaften an der Universität des Saarlandes. Sofort nach erfolgreichem Abschluß der 2. Juristischen Staatsprüfung Gründung der eigenen Rechtsanwaltskanzlei im März 1990. Seither Spezialisierung auf die Fachgebiete Miet- und Pachtrecht, Wohnungseigentumsrecht und Vollstreckungsrecht.